Die Herren von Löweneck

Alois Schmid

Die Herren von Löweneck

Dienstmannen der frühen Wittelsbacher

Volk Verlag München

Vergessenes Bayern
hrsg. von Dr. Ingvild Richardsen, Prof. Dr. Waldemar Fromm und Prof. Dr. Klaus Wolf

HUBERTUS ALTGELT STIFTUNG Dieses Buch wird teils aus Mitteln der Hubertus Altgelt Stiftung gefördert.

Umschlaggestaltung unter Verwendung des Sandsteinreliefs aus dem Mainzer Kurfürstenzyklus, um 1320 (Original: Mittelrheinisches Landesmuseum Mainz) von König Ludwig dem Bayern (1314–1347),

Die Deutsche Bibliothek verzeichnet diese Publikation in der Deutschen Nationalbibliografie; detaillierte bibliografische Daten sind im Internet über https://portal.dnb.de/ abrufbar.

Neumarkter Straße 23; 81673 München
Tel. 089 / 420 79 69 876; Fax: 089 / 420 79 69 86 / info@volkverlag.de
Druck: Pustet, Regensburg

ISBN 978-3-86222-525-5
www.volkverlag.de

Inhalt

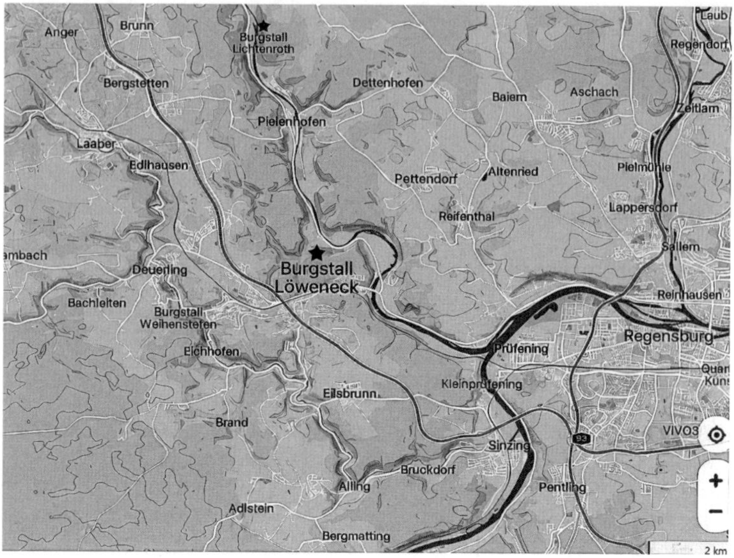

Abb. 1:
Lageplan (https://mapcarta.com/de/N2662887497)

Vorwort

»Allerdings ist es zu bedauern, daß noch kein Freund der vaterländischen Geschichte die Urkunden über die ehemaligen, im Nordgau und in der Nachbarschaft von Regensburg gelegenen Frauenklöster Arlesberg, Pettendorf, Pühlenhofen und Pollenried gesammelt und dem Publikum übergeben hat. Durch diese Behelfe würde die Geschichte dieser ganzen Gegend aufgehellet und erleuchtet, welche ohngeachtet unsrer angeblichen Aufklärung in einer unrühmlichen Dunkelheit begraben liegt. Möchten doch diese Klage jene beherzigen, welche an der Quelle sitzen.“ Diesen drängenden Aufruf schickte um 1800 der namhafte Erforscher der Regensburger Kirchengeschichte Thomas Ried (1773–1827) einem kleinen heimatkundlichen Bericht über das nördliche Vorland der Bischofsstadt als »Vormerkung« voraus. Seitdem sind mehr als zwei Jahrhunderte vergangen. An der Berechtigung seiner Aufforderung hat sich in der Zwischenzeit nicht viel geändert. Die immer ungewöhnlich rührige Regensburger Geschichtsforschung hat ihre Aktivitäten deutlich auf die bedeutenden Ereignisse der großen Politik in der Reichs-, Herzogs-, Haupt-, Bischofs-, Regierungs-, Industrie- und neuerdings Universitätsstadt konzentriert. Für das angrenzende Umland fand sie wesentlich weniger Interesse, es verblieb weithin im Schatten. Der Appell im Schlusssatz hat trotz mancher Neuerscheinungen seine grundsätzliche Gültigkeit keineswegs eingebüßt und verdient auch heutzutage noch immer Beachtung. Ihm verdankt die kleine Studie ihr Entstehen.

Entsprechend der Anregung Rieds wurde die Erstellung dieser Lokalstudie wirklich durch den Landkreis Regensburg unterstützt. Frau Landrätin Tanja Schweiger rechnet die Förderung der wissenschaftlich fundierten Landesforschung dankenswerterweise zu ihren Aufgaben und trägt damit dazu bei, dem Umland der oberpfälzischen Hauptstadt Eigenprofil im Schatten der historischen Metropole zu verschaffen. Diesem Vorbild schloss sich die für das Denkmal Löweneck zuständige Marktgemeinde Nittendorf unter Bürgermeister Helmut Sammüller an. Sie unterstützten die Arbeit an diesem Bändchen. Dem Verlag Volk (München) bin ich für dessen Aufnahme in sein Veröffentlichungsprogramm sehr verbunden. Den vielen weiteren Helfern, die zum Entstehen und Erscheinen beigetragen haben, sei herzlich Dank gesagt.

Einleitung

Eine Ansammlung wenig geordneter Steine in einem kaum einsehbaren und selten begangenen Waldstück abseits der Hauptstraßen – verdient sie die Beachtung der Kulturwissenschaften? Dass sich das in Einzelfällen wider Erwarten durchaus lohnen kann, soll die hiermit vorgelegte kleine Studie zeigen. Der völlig unspektakuläre Befund der Gegenwart, von dem sie ihren Ausgang nimmt, ist der spärliche Überrest eines gewiss beachtenswerten historischen Geschehens, das vor gerade einem dreiviertel Jahrtausend das untere Naabtal für wenige Jahrzehnte zu einem nicht nur regional bedeutsamen Brennpunkt herrschaftlicher Auseinandersetzungen machte. Kein Geringerer als der kurz vorher zum König im Heiligen Römischen Reich erhobene Wittelsbacher Ludwig der Bayer (1314–1347), ab 1328 Kaiser Ludwig IV., hat in einer persönlich angeordneten Strafaktion dahinter einen gewaltsamen Schlusspunkt gesetzt. Das verbliebene Gewirr von Natursteinen ist der noch heute sichtbare Zeuge dieses Geschehens, das Einblick in einen gänzlich unbekannten Nebenaspekt der bayerischen Geschichte im Übergang vom Hoch- zum Spätmittelalter und damit in die kurzfristige Bedeutung des Raumes in dieser vielbehandelten Umbruchszeit eröffnet. Dieses gilt es im Folgenden erstmals vorzustellen.

Die Burg ist das bekannteste Bauwerk der Lebenswelt des Mittelalters auf dem europäischen Kontinent[1]. Dieses Merkmal verleiht gerade dem oberpfälzischen Raum sein besonderes Gepräge, der damals als Grenzgebiet des Heiligen Römischen Reiches gegen Böhmen in die Randlage hineinwuchs, die lange seine Geschichte bestimmte[2]. Keine andere Region Deutschlands weist derartige Befestigungsanlagen in vergleichbarer Häufung auf. Die Oberpfalz ist ein echtes Burgenland. Gerade das Umland der werdenden Frei- und Reichsstadt Regensburg wurde im Rahmen der herrschaftlichen Entwicklung besonders dicht mit Burgen besetzt. Die mehreren in das Ringen um die aus dem Verband des wittelsbachischen Herzogtums Bayern ausscherende und nun zur Stadt des Reiches aufsteigende alte Hauptstadt Bayerns (*metropolis Bavariae*) einbezogenen Herrschaftsträger waren bestrebt, ihren Ansprüchen mit derartigen Bauwerken Nachdruck zu verleihen. Die Burg setzte als weit verbreitetes profanes Architekturdenkmal des Zeitalters auch in den Donaubogen vielfältige bauliche Akzente[3]. Die im Einzelnen sehr unterschiedlich gestalteten Wehrbauten stellten reale Stützpunkte der Macht, aber auch die sichtbaren Fixpunkte ihrer Präsentation dar. Die Kirchen, die andere große Säule der Baukultur, legten im Rahmen der Weiterentwicklung der Stile ihre mittelalterlichen Formen überwiegend ab und verschafften sich in den meisten Fällen ein neuzeitliches Kleid. In ganz andersgearteter Transformation bestimmen die Burgen die Physiognomie der Kulturlandschaft bis in unsere Tage noch immer entscheidend mit.

Diese markanten Überreste des Wehrwesens des Mittelalters sind in sehr unterschiedlichen Formen in unsere Gegenwart erhalten geblieben. An mehreren Orten haben sie in zeitgemäßer Umformung als Schlösser ihre zentralörtliche Funktion in die Neuzeit weitergetragen. Meistens haben sie aber wegen ihrer Lage die Wehraufgaben eingebüßt und sind zu Ruinen verfallen, deren Erhaltungsgrad sehr unterschiedlich ist. Oftmals wurden sie auch gänzlich aus der Kulturlandschaft verdrängt und es erinnern lediglich topographische Bezeichnungen in Orts-, Flur- oder Straßennamen an die mittelalterlichen Vorgänger. Vielfach aber bewahren nur noch verborgene Hinweise in schriftlichen Aufzeichnungen die Erinnerung und warten auf ihre Entdeckung in Archiven und Bibliotheken. Doch ist das Wissen um diese früheren Befestigungen oftmals auch gänzlich verlorengegangen. Die Überlieferung hat sehr unterschiedliche Wege eingeschlagen.

Zu den vielen im Hoch- und Spätmittelalter befestigten Orten im Raum um Regensburg gehört auch der Burgstall Löweneck (Gemeinde Nittendorf, Landkreis Regensburg). Er ist der zweiten der angesprochenen Gruppen der Überlieferung zuzurechnen. Da die erhaltenen spärlichen obertägigen Mauerreste außerhalb einer Ortschaft in wenig zugänglichem Waldgelände fast versteckt sind und von der vorbeiführenden Staatsstraße aus nicht eingesehen werden können, tendiert die öffentliche Wahrnehmung in Richtung der abschließenden Feststellung. Nur wenige Ortskundige nehmen von Burg Löweneck heute noch Notiz. Im öffentlichen Bewusstsein ist sie weithin in Vergessenheit geraten. Ihre unscheinbaren Überreste werden mehr den Geländedenkmälern als den Baudenkmälern zugerechnet[4]. Der Rang einer lohnenden Sehenswürdigkeit wird ihnen nicht zuerkannt.

Demensprechend dürftig ist die Literaturlage. Lediglich die örtliche Heimatkunde bewahrt in Kenntnis der spärlichen baulichen Überreste zumindest die Erinnerung an die frühere Burg Löweneck[5]. In der überregionalen Landesgeschichte und der historischen Fachwelt wird diese nur äußerst selten zur Kenntnis genommen. Das grundlegende »Handbuch der bayerischen Geschichte« bietet keinen entsprechenden Hinweis[6]. In der einschlägigen Spezialkarte des »Bayerischen Geschichtsatlas« wird der Eintrag vermisst[7]. Das »Handbuch der Historischen Stätten« Bayerns enthält keinen diesbezüglichen Ortsartikel[8]. Burg Löweneck ist der Fachliteratur nahezu unbekannt.

Das betrifft noch mehr als das Denkmal das auf ihm ansässige Rittergeschlecht. Schon das ältere Grundwerk zum bayerischen Adel des Mittelalters aus der Feder des wittelsbachischen Hofrats Wiguläus Hundt von Sulzemoos (1514–1588) aus den Jahren 1585/86 bietet keinen Hinweis auf das Geschlecht[9]. Auch die unerschöpfliche Fundgrube zur bayerischen Geschichte, das Standardwerk des Altmeisters Sigmund Riezler (1843–1927), hat davon keine Kenntnis[10]. Entsprechendes gilt weiter bis zum maßgeblichen Nachschlagewerk der Moderne zum bayerischen Adel des Hochmittelalters von Franz Tyroller (1886–1960)[11]. Auch die um Vollständigkeit bemühte aktuelle »Liste bayerischer Adelsgeschlechter« in elektronischer Aufbereitung weiß davon nichts[12]. Die einschlägigen Bände des »Historischen Atlas von Bayern« zum Zentralraum um Regensburg stießen nicht zu diesem Geschichtsort und dem auf ihm ansässigen Landadelsgeschlecht vor[13]. Die verdienstvolle Regestensammlung zur wittelsbachischen Geschichte von Koch und Wille fand zwar im bearbeiteten Urkundenmaterial einen diesbezüglichen Hinweis, vermochte aber keine Zuordnung vorzunehmen[14]. Diese Lücke in der Fachliteratur will die hiermit vorgelegte Lokalstudie schließen helfen.

Nach der kurzen Beschreibung der spärlichen Ruinen des Burgstalls und der Klärung des Namens soll auf solider Quellengrundlage das auf ihm ansässige Rittergeschlecht in seiner durchaus bemerkenswerten Bedeutung für die herrschaftliche Entwicklung des Donaubogens im Übergang vom Hoch- zum Spätmittelalter vor dem Hintergrund der Territorial- und Reichsgeschichte vorgestellt werden. Abrundend seien die beiden untrennbar mit ihm verbundenen Örtlichkeiten in zweckgerechter Kürze einbezogen. Die Erörterung bietet mit dem geschärften Blick auf die Mikrostrukturen einen weiterführenden Beitrag zu den herrschaftlichen Auseinandersetzungen im Donaubogen als dem Kernraum des Herzogtums Bayern an der Wende vom Hoch- zum Spätmittelalter.

Die Untersuchung muss mit wenigen geschichtlichen Zeugnissen auskommen. Die Quellenlage ist ungewöhnlich dürftig. Die erzählenden Berichte der Annalen und Chroniken nehmen auf die Burg und das Geschlecht der Löweneck an keiner Stelle Bezug. Die überörtliche Geschichtsschreibung sah sich nie zu einem Hinweis veranlasst. Es stehen ausschließlich archivalische Belege in Diplomen zur Verfügung. Nicht mehr als vier von Angehörigen der Familie Löweneck ausgestellte Privaturkunden sind auf uns gekommen. Gerade ein Dutzend weiterer Rechtsdokumente bietet gesicherte Angaben zu den Aktivitäten von insgesamt neun mit Namen bekannten Familienmitgliedern. Ein Königsprivileg stellt dann aber sogar die unmittelbare Verbindung zur Reichspolitik her und beleuchtet den spektakulären Abgang. Zu den wenigen Schriftquellen kommen ergänzend nur sporadische Sachquellen, überwiegend in Privatbesitz, die nie zu breiter Beschäftigung mit dem Denkmal Anlass gaben.

Die Löwenecker sind ein oberpfälzisches Landadelsgeschlecht, das sich in einer Umbruchsphase der herrschaftlichen Entwicklung im Herzogtum Bayern für ungewöhnlich kurze Zeit in den Vordergrund schob und nach wenigen Jahren wieder verschwand. Ihr bislang völlig unbeachteter Auftritt auf der politischen Bühne bietet einen unerwarteten Beitrag zu einer brisanten Nahtstelle der bayerischen Geschichte. Er eröffnet Einblick in die Bemühungen der frühen Wittelsbacher um die fortschreitende Durchsetzung ihrer Landesherrschaft und damit des Werdens des Landes Bayern. Die Mikrostudie über eine heutzutage völlig unscheinbare Örtlichkeit verschafft dieser Beachtung als zu Unrecht vergessener historischer Stätte. Sie erweitert das Wissen um den vielfach behandelten Zentralraum Bayerns um Regensburg im Hochmittelalter. Zudem wirft sie einen Blick auf die noch immer weiter erhellungsbedürftige Geschichte des Kleinadels im Raum der heutigen Oberpfalz[15].

Der Burgstall

Nach vereinzelten Hinweisen in der älteren Literatur[16] und einer Zusammenstellung der damals bekannten Urkundenbelege im frühen Quellenrepertorium der »Regesta Boica«[17] hat allein Andreas Boos die Ruine in den Gesichtskreis der Fachwelt gerückt. In seiner Dissertation über den Burgenbau im Raum um Regensburg musste er natürlich auch diese Festungsanlage zur Behandlung bringen[18]. Doch kam ihr im Rahmen seiner Überblicksdarstellung nur eine nachgeordnete Bedeutung zu. Neben den baulich ungleich eindrucksvolleren und historisch bedeutenderen Burgen zu Brennberg, Cham, Donaustauf, Kallmünz, Loch oder Wörth konnte die Ruine Löweneck mehr in den Hintergrund gerückt werden. Von ihr sind nur kümmerliche Überreste in unsere Gegenwart gelangt. Ihre Beschreibung durfte auf wenige Seiten beschränkt werden, die auf die wesentlichen Merkmale aufmerksam gemacht haben. Darauf wird die folgende Objektbeschreibung aufgebaut werden.

Der Burgstall sitzt auf einem Ausläufer des Höhenzugs Etterzhausener Wald. Der zungenartige Bergsporn des Kühberges (430 m) fällt auf drei Seiten nach Norden und Westen mit fast senkrechten Felswänden rund hundert Meter sehr abrupt ins Flusstal der unteren Naab ab. Der Zugang erfolgte nach steilem Aufstieg von der Nordseite her. Die Burg war durch einen noch immer erkenntlichen Hals-

Abb. 2:
Der Burgstall Löweneck
(Wikimedia commons)

graben mit vorgelagertem Wall gut gesichert. Die räumlichen Gegebenheiten schufen eine vorzügliche Verteidigungsposition. Die topographische Lage der Höhenburg ist für Wehrzwecke als ausgesprochen vorteilhaft einzustufen. Die erste schriftliche Erwähnung der Burg findet sich in einer Herzogsurkunde der Wittelsbacher aus dem Jahr 1306[19]. Sie muss eine mächtige und leistungsfähige Wehranlage gewesen sein, für die in den Urkunden der Begriff *Veste* gebraucht wurde.

Vom mittelalterlichen Baubestand haben sich obertägig nur noch sehr geringe Reste des Quadermauerwerkes erhalten, die kaum Rückschlüsse auf die Gesamtanlage ermöglichen. Sie deuten in Grundzügen eine in West-Ost-Richtung angelegte Zweihofstruktur in Rechteckform mit einer Erstreckung von etwa 45 Metern in der Länge und 15 Metern in der Breite an. Es können die Hauptburg und die etwas tiefer postierte, flächenmäßig ausgedehntere (leider auf der beigegebenen Skizze verkürzt dargestellte) Vorburg auseinandergehalten werden. Eine noch immer sichtbare Vertiefung deutet die Zisterne an. An der Spitze der Landzunge im Nordwesten erinnert eine kleine Erhebung an den abgetragenen quadratischen Bergfried. Außer diesen zwei Fixpunkten sind weitergehende Festlegungen nicht möglich. Schon die Überreste eines verfallenen Gewölbes sind nicht mit Bestimmtheit zu deuten. Auch vereinzelte dilettantische Grabungsbemühungen zu Beginn des 19. Jahrhunderts vermochten keine zusätzlichen Klärungen beizubringen. Fachmännische Bau- oder Bodenuntersuchungen wurden nie durchgeführt[20].

Dementsprechend ist die archäologische Fundlage auf dem Kühberg bislang dürftig. Es liegen lediglich wenige Lesegegenstände von privater Seite vor. Sie befinden sich im Besitz des Sammlers, konnten aber vom Doktoranden Boos mit dem Blick des Archäologen durchgesehen werden. Er beschreibt sie in der Zusammenschau als „relativ homogene Keramik, hauptsächlich aus Fragmenten von Schultertöpfen mit unterschnittenen Kragenrändern" bestehend. Besonders treten das Bruchstück eines Dachziegels und eine Tonscherbe (heute im Stadtmuseum Regensburg) hervor[21]. Alle Funde werden in die Zeit grob „um 1300" datiert; ältere Stücke befinden sich darunter nicht[22].

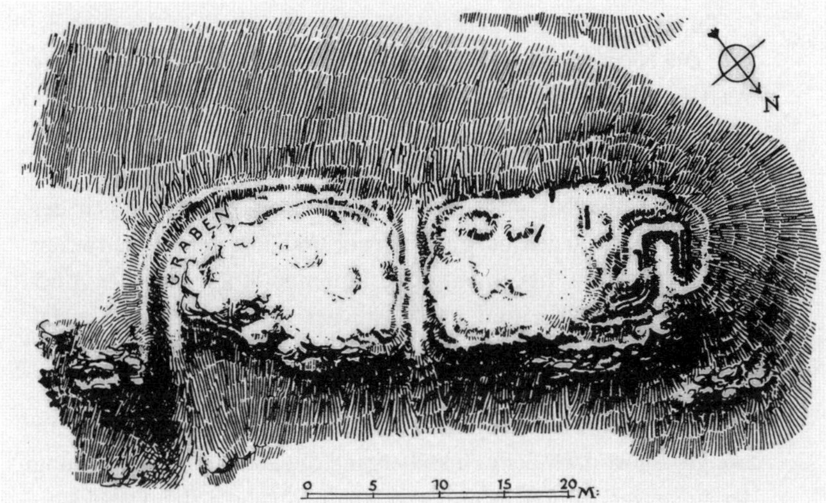

Abb. 3:
Grundrissskizze
Kunstdenkmäler von Bayern:
Stadtamhof, S. 125, Abb. 89

Zur Erläuterung:

Den einzigen Versuch der Veranschaulichung der Burganlage zu Löweneck unternahm diese Skizze. Sie wurde als Beigabe zur Inventarisierung der »Kunstdenkmäler des Königreichs Bayern« angefertigt, obwohl sie kein Kunstobjekt, sondern ein Geländedenkmal darstellt. Ohne Zweifel bietet sie eine erklärende Verständnishilfe, weil der dargestellte Wissensstand im seitdem vergangenen Jahrhundert nicht mehr wesentlich erweitert werden konnte. Die Proportionen der Ausdehnung der Haupt- und der Vorburg werden allerdings nicht angemessen wiedergegeben. Leider lässt der Bearbeiter die Wegverhältnisse gänzlich unberücksichtigt. Ihre Einbeziehung hätte der Skizze zusätzliche Aussagekraft verschaffen können. Der zugehörige Begleittext bringt den engen Zusammenhang von Burg Löweneck und der Ortskirche zu Penk nicht hinreichend zur Geltung.

Einen eingehenden Blick verdient die Verkehrslage der Örtlichkeit. Die Naab wurde im Spätmittelalter eine immer mehr genutzte Wasserstraße, die im nahen Etterzhausen von einer frequentierten Fernstraße überquert wurde. Diese Urfahr war der in der näheren Umgebung wichtigste Verkehrspunkt mit hoher herrschaftlicher Relevanz. Unmittelbar nach dem Flussübergang zergabelte sich der vom Zentralort Regensburg ausgehende und über den Höhenrücken des Greifenberges bei Kneiting herführende Straßenzug der *Alten Straße* in nördlicher und nordwestlicher Richtung. Dem Flusstal folgte die ins Herz des oberpfälzischen Montangebietes an der mittleren Naab und der Vils mit Anschluss an die weiter nach Mitteldeutschland führende sogenannte »Magdeburger-Straße«. Von ihr zweigte sofort nach dem Flussübergang die Fernstraße in Richtung der aufsteigenden Reichsburg und -stadt Nürnberg ab[23]. Dabei kam letzterem Straßenzug eine zunehmende Bedeutung zu; an ihm wurde schon nach geringer Entfernung die Veste in Höhen- und Spornlage Weihenstefen (Gemeinde Deuerling) errichtet. Für ersteren standen bis Kallmünz zwei Linienführungen als Alternativen zur Verfügung. Dennoch muss bereits vor dem Aufstieg des oberpfälzischen Montanwesens im Spätmittelalter dem Flusstal eine Landstraße gefolgt sein. Darauf verweist zusammen mit der Burg Löweneck eine ähnliche Befestigungsanlage wenige Kilometer flussaufwärts oberhalb Pielenhofens. Die Ruine Lichtenroth am linken Flussufer ist als Korrelat in den nämlichen historischen Kontext zu stellen[24]. Aufgabe dieser zwei Burgen muss die beidseitige Kontrolle des Naabtales zwischen Etterzhausen und Kallmünz gewesen sein[25].

Der Kühberg eignete sich trotz der geländebedingten Entfernung auch vorzüglich zur Überwachung und Betreuung des Verkehrsknotens bei Etterzhausen an einem Wasserweg mit Urfahr und der Gabelung wichtiger Fernverbindungen sowie der weiteren hier abzweigenden Nebenstraße in Richtung Pollenried. Die Zusammengehörigkeit dieser mehreren Siedlungselemente wird in der unten zu behandelnden Urkunde von 1312[26] ausdrücklich angesprochen. Sie bietet zugleich den zweitältesten schriftlichen Beleg für die Burg Löweneck. Wegen der mehrschichtigen Bedeutung für das Verkehrswesen wurde die Herrschaftsposition, allerdings nur für begrenzte

Zeit, mit durchsetzungsfähigem Wehrpersonal besetzt. Im halben Jahrhundert zwischen 1277 und 1312 sind dort die Ritter von Löweneck bezeugt.

Ein Problem stellen die geringen obertägigen Fragmente eines in der Entfernung von etwa einem Kilometer gelegenen Turmes dar: Gehören sie zur Burg Löweneck oder nicht? Mit ihnen ist die Geländebezeichnung „Das alte Haus“ oder auch das „hohe Haus“ verbunden. Üblicherweise werden die vorzufindenden Überreste als zusätzlicher Festungsturm der Löweneck-Burg mit mehrfacher Aufgabenstellung gedeutet[27]. Vor allem kommt ihm wegen der größeren Fluss- und Straßennähe in der Naabschleife eine günstigere Beobachtungsposition zu. Doch muss die Frage gestellt werden, ob diese wirklich zur gleichen Zeit über zwei Wehrtürme in derartiger Nähe verfügt haben soll. Wenn man dem zugehörigen Flurnamen Aussagekraft zuerkennen will, dann muss diesem Turm eine weiter zurückreichende Vorgeschichte zugesprochen werden: Er markiert eine kleindimensionierte Befestigungsanlage in der Zeit vor den Rittern von Löweneck, die dann durch den Bau der Burg entweder ersetzt oder in diese einbezogen wurde. Dabei ist nicht auszuschließen, dass sie nach der unten zu behandelnden Schleifung der Löweneck-Burg als Beobachtungsposten von den nachfolgenden Herrschaftsträgern weiter aktiviert wurde. Jedenfalls wurde die Örtlichkeit in der Landesaufnahme von 1598 noch vermerkt[28]. Das „alte Haus“ stellt den frühesten Herrschaftspunkt in der Kleinregion dar. Ohne Zweifel besteht ein gewisser Zusammenhang mit der Löweneck-Burg. Doch verweist das Turmfragment auch in einen anderen, vielleicht sogar mehrere andere historische Kontexte. Der in der Ortstradition behauptete unterirdische Verbindungsgang zwischen den zwei Bauteilen wurde bisher nicht entdeckt und knüpft vielleicht an ein beliebtes Motiv der lokalen Erzähltradition an. Archäologische Argumente zur Konkretisierung dieser Verbindungen stehen nicht zur Verfügung[29].

Freilich wirft diese Deutung ein neues Problem auf: Warum wurde die Löweneck-Burg nicht in Ausnützung der optimalen Überwachungsposition beim „alten Haus“ positioniert? Derartige Kontinuität wäre unbedingt zu erwarten. Die Erklärung ist am ehesten in den topographischen Gegebenheiten zu suchen. Die Befestigungsanlage benötigte eine gewisse Fläche, die das „alte Haus" nicht bot. Sie wurde in unmittelbarer Nähe auf dem zungenartigen Ausläufer des Höhenzuges gefunden und genutzt.

Der Burgstall Löweneck wurde mit seiner Umgebung in späterer Zeit Gegenstand eines volkstümlichen Erzählstoffes[30], der überwiegend negativ konnotiert ist[31]. Dieser Umstand dürfte wesentlich von der noch zu behandelnden Klosterfeindlichkeit des letzten Löweneckers ausgelöst wurden sein, die schließlich zur Zerstörung seiner Burg führte.

Abb. 4:
Urkataster (um 1830)
Bayer. Landesamt für Digitalisierung, Breitband und Vermessung

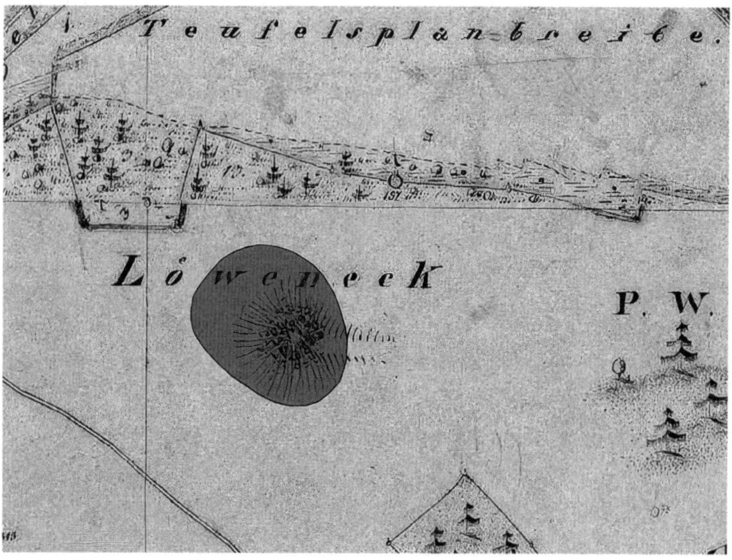

Der Name

Die vorliegenden Urkunden bieten für den Ortsnamen im Mittelalter folgende Belegreihe. Sie weist die Grundtendenz auf, gemäß der Praxis der Urkundensprache vom lateinischen Bestimmungswort *leo* in die deutsche Übersetzung *lewe* überzuwechseln.

Leonekke	*1277*	*Lewenekke*	*1309*
Lewn[eck]e	*1277*	*Leonek*	*1309*
Leoneck	*1278*	*Lewene(c)k(h)*	*1312*
Lewenek	*1285*	*Leweneche*	*1316*
Lebenekke	*1297*	*Lebenekk*	*1323*
Lewenekke	*1297*	*Lebenek*	*1324*
Lewenecke	*1297*	*Lewenecke*	*1333/34*
Leonek	*1306*	*Lebenekk*	*1347*
Leonekk	*1306*	*Leonneckh*	*1555*
Leonecke	*1309*	*Lo(be)neck(h)*	*1598*

Den Burgennamen hat Fritz Schnelbögl die maßgebliche systematisierende Untersuchung gewidmet[32]. Das Toponym Löweneck ist ein besonders aussagekräftiges Beispiel. Es zerfällt in die zwei Bestandteile des Grund- und Bestimmungswortes.

Das Grundwort *-eck* verweist zutreffend auf die geographische Situation einer Höhenburg auf einem Bergsporn in Eckposition.

Jedes dieser drei Elemente ist hier auf einer steil abfallenden Erhöhung am Rande einer Einbuchtung im vom Flusslauf der Naab dominierten Geländeabschnitt mit einer abzweigenden Landstraße vorzufinden. Auch die von Schnelbögl als weiteres Kriterium besonders betonte markante Flusskrümmung in der Nähe ist im Naabbogen unterhalb von Ebenwies gegeben[33]. Denn mit Vorliebe wird das Grundwort mit Flussnamen verbunden, wie zahlreiche parallele Toponyme, zum Beispiel Chameregg, Elbeck, Isareck, Lahneck, Marchegg, Maineck, Naabeck, Odereck, Rheineck, Schwarzeneck oder Wesereck, belegen.

Das hier zugrundeliegende Bestimmungswort *Löwen-* lehnt sich an die bei der Burgenbezeichnung vielgebrauchte Tiersymbolik an. Mit Vorliebe wurden Tiere zur Namengebung für Befestigungsanlagen herangezogen, weil sie für Kraft, Stärke, Schnelligkeit und Wendefähigkeit als wesentlichen Elementen der Wehrhaftigkeit stehen. Das gilt besonders für den Adler, den Drachen, den Falken, den Geier, den Greifen, auch den Wolf. Zu dieser Gruppe gehört in erster Linie der Löwe. Als Symbol militärischer Potenz fand er vielfache Verwendung in der Namengebung. Die herausragenden Beispiele zur Charakterisierung von einzelnen Herrscherpersonen mit entsprechenden Beinamen sind der englische König Richard Löwenherz (1157 – 1199) oder Heinrich der Löwe (1129 – 1195), Herzog in Sachsen und Bayern. Häufiger wurde er Grundlage der Bezeichnung von Geschlechtern. Die Fürsten von Löwenstein sind noch in unserer Gegenwart die bekanntesten Vertreter dieses Sprachgebrauchs. Er veranlasste sodann die oftmalige bildliche Umsetzung in Siegeln und Wappen. Der Löwe ist das wichtigste Bildelement im Wappen der Wittelsbacher, die seit Herzog Otto II. (1231 – 1253) nach dem Erwerb des pfälzischen Erbes dieses Tier ebenfalls als heraldisches Kennzeichen in Anspruch nahmen[34].

Es war nur naheliegend, dass der König der Tiere auch für Burgennamen Verwendung fand[35]. Doch wurde die Formulierung Löweneck nur selten gebildet. Es ist ein einziger weiterer derartiger Burgenname in Südtirol bekannt[36]. Im Adel Mährens taucht noch im 18. Jahrhundert eine Familie mit dem Namen Löwenegg auf[37]. Weiterhin fand der Name der Burg Löweneck als wirkungsvolle Bezeichnung zur Beschreibung der Ritterwelt sogar in ein Vorlesebuch für Kinder Eingang[38]. Im heutigen Deutschland ist der Ortsname der Burg Löweneck allerdings ein Unikum und verschafft der Burg bei Penk hier ein Alleinstellungsmerkmal[39].

Tatsächlich führte das Geschlecht der Löwenecker den Löwen in seinem Wappen. Es darf als „sprechendes" Wappen im Sinne des Familiennamens gelten. Das Wappen ist auf mehreren erhaltenen Siegeln an Urkunden überliefert; zwei (St. Katharinenspital Regensburg[40] und Zisterzienserinnenkloster Pielenhofen[41]) stehen für die Aussteller, eines für einen Bürgen zugunsten des Klosters Pettendorf[42]. Dazu kommen weitere angekündigte Siegel für Zeugen aus der Familie Löweneck. Das Wappenbild „auf den Hinterfüßen stehender springender rechtsblickender Löwe" dient auch in diesem Fall als Symbol für die beanspruchte Wehrkraft. Zugleich darf es wohl als heraldischer Verweis auf die herrschaftliche Zuordnung, die Verbindung zu den wittelsbachischen Herzögen von Bayern, verstanden werden.

Die Burgherren

Das Geschlecht der Löwenecker ist durch rund ein Dutzend Urkunden mit einer Zeitstellung zwischen 1277 und 1316 bezeugt. Dabei ist eine Besonderheit, dass die Burg fast während der gesamten Zeit ihres Bestandes im Eigentum dieser einen Familie war. Ein einziger Burgherr aus einem anderen Geschlecht gelangte erst die letzten vier Jahre in den Besitz der Befestigung. Die Löwenecker haben die Baumaßnahme der Errichtung der Burg ausgeführt, sie haben sie fast während der gesamten Belegzeit bewohnt und von hier aus ihre Herrschaft ausgeübt. Sie haben ihr den Namen gegeben. Die Burg ist ihnen im Zusammenhang mit ihren Aktivitäten entzogen worden und dann auch sehr rasch untergegangen. Die herrschaftlichen Verhältnisse sind hier eindeutig und klar.

Die für das Rittergeschlecht vorliegenden urkundlichen Belege beschränken sich auf die Wende vom Hoch- zum Spätmittelalter. Es ist lediglich in zwei Generationen über fast vier Jahrzehnte hinweg zu verfolgen. Auf den 1277 bezeugten Ritter Hugo und seine zwei urkundlich genannten Gemahlinnen Bertha und Gertraud folgte deren Sohn aus erster Ehe, mit Namen Eckart, der ebenfalls mit einer Gertraud verheiratet war. Mit Eckart gelangte die Familie im Hauptstamm sehr bald nach seinem letzten Beleg 1312 an ihr Ende. Eckart hatte die Schwester Jutta, die Nonne war, sowie die Brüder Konrad und Friedrich, die in den Quellen nur zwei Mal auftauchen. Ob sie in Nebenlinien weiterlebten, ist nicht bekannt. Die Gemahlin Eckarts, ebenfalls mit dem Namen Gertraud, hatte einen Bruder Hartwig, der mehrfach vorzüglich belegt ist und als einziger einen Blick in das das verwandtschaftliche Umfeld eröffnet. Ob der in diesem Überlieferungszusammenhang einmal genannte weitere Träger des Namens Eckart dieser Familie zuzuordnen ist, muss offenbleiben.

Somit ergibt sich aus den Urkunden folgende genealogische Übersicht:

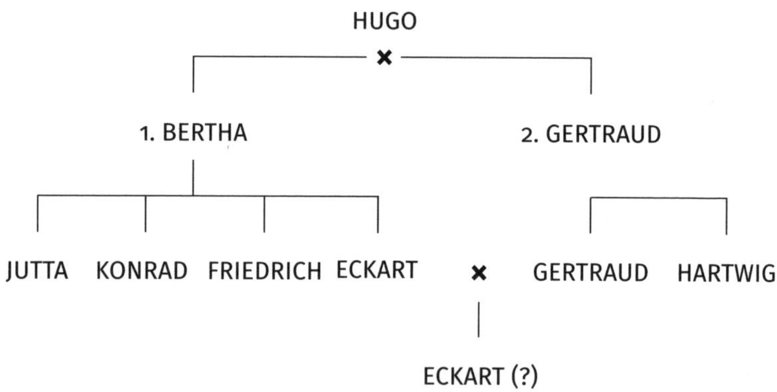

Dieser Stammbaum enthält keine Personen, die auf einem Gebiet in besonderer Weise in den Vordergrund getreten wären. Durchwegs handelt es sich um Namen, die zunächst wenig besagen. Das gilt letztlich auch für den Kleriker Hartwig. Die in jüngerer Zeit intensiv betriebene Adelsforschung hat sich mit den Löweneckern nicht weiter beschäftigt. Zwischen den schwerpunktmäßig bearbeiteten Großepochen des früheren und des späten Mittelalters beschränkte sich ihr Wirken in einer Übergangsphase auf eine ungewöhnlich kurze Zeit, deren Urkunden, bisher wenig beachtet, in den Archiven auf ihre Auswertung warten. Nach wie vor gibt es gerade auf dieser nachgeordneten Ebene viel Neues zu entdecken.

Es drängt sich die Frage auf, in welches genealogische Netzwerk der Familienverband der Löwenecker einzuordnen ist: Wo ist er anzubinden? Die Quellen geben darauf keine Antwort. Dementsprechend sind verschiedene Ansichten vorgetragen worden.

Eine erste geht vielleicht auf das auf Burg Löweneck ansässige Rittergeschlecht selbst zurück. Es bemühte sich, entsprechend adeliger Praxis im Mittelalter, sich Renommee durch den Hinweis auf seine prominente Abstammung zu verschaffen. Diesem Zweck diente die in den Jahrhunderten des Spätmittelalters und der Frühneuzeit vielbemühte Literaturgattung der Herkunftserzählungen (»Origines«). Dementsprechend werden im älteren Schrifttum mehrfach Zusammenhänge mit dem hochadeligen Geschlecht der Babonen behauptet. Der mit einem Geflecht von Sagen verklärte Spitzenahn Graf Babo wird wegen seines angeblichen Kinderreichtums mit dreißig Söhnen und acht Töchtern mit vielen Dynastien des hochmittelalterlichen Adels in Bayern, Franken und Österreich in genealogische Verbindung gebracht[43]; dazu wurden unter anderem die Löwenecker gerechnet[44]. Diese war wegen der ursprünglichen Zuständigkeit der Burggrafen von Regensburg (Paponen) für den Brückenkopf Etterzhausen leicht herzustellen. Doch gibt es für den behaupteten direkten Zusammenhang von herrschaftlicher Zuständigkeit und familiärer Zusammengehörigkeit keine durchgängig tragfähigen Belege. Beweiskräftige genealogische Verbindungsstücke zwischen den 1185 bzw. 1196 endenden Paponen und den Löweneckern ab 1277 können nicht beigebracht werden. Beide Geschlechter trennt die Überlieferungslücke von fast einem Jahrhundert, das überbrückt werden müsste.

Angesichts der unklaren Quellenaussagen sind verschiedentlich auch andere Meinungen vorgetragen worden. Doch basieren sie auf Vermutungen, die der Überprüfung keinesfalls standhalten. Das gilt etwa für den Hinweis in der frühen Heimatkunde auf Belgien, das das Vaterland der Löwenecker gewesen sei, in das sie schließlich wieder zurückgekehrt seien[45]. Dafür gibt es keine verlässlichen Anhaltspunkte; hier mag allein der Name der Stadt Löwen die Phantasie beflügelt haben. Der freiherrliche Forstbeamte Fortunatus Forster verfolgte neben dieser Annahme weiterhin kaum tragfähige namenkundliche Spuren, die ihn nach Österreich führten[46]. Ähnlich ungesichert ist der Hinweis auf die in Dechbetten als Grundbesitzer verorteten Brüder Walter und Ulrich Lew[47], die an anderer Stelle als angesehene Ahnen in Anspruch genommen wurden. Der bloße Anklang der Familiennamen ist ein unzureichendes Argument für die Zuordnung zu diesem besitzmächtigen Geschlecht in der Region. Das Auftauchen des Namens Löweneck in den Städten München[48] und Augsburg[49] in den Jahrhunderten der frühen Neuzeit und noch später in anderen Zusammenhängen hat natürlich nichts mit den mittelalterlichen Rittern von Löweneck im Naabtal zu tun.

In unseren Tagen wird vereinzelt auf eine Verwandtschaft mit den Herren auf der nahen Burg Loch (Gemeinde Nittendorf) verwiesen[50]. Anlass ist ein an beiden Orten tätiger Ritter Hugo, der als identische Person betrachtet wird; doch kann auch das nicht mehr als eine Vermutung sein. Nirgends wird gesagt, wo die Löwenecker abstammen und wo sie angebunden werden können. Auch die Namenreihe der in einer Urkunde von 1309 genannten Verwandten führt in dieser Frage kaum weiter, da sie allein die Angehörigen von Frau Gertraud betrifft[51]. Die Löwenecker tauchen in den Quellen völlig unvermittelt aus dem Nichts auf und verschwinden schon in der zweiten Generation ebenso rasch wieder im gleichen undurchdringlichen Grau der Vergangenheit.

Mit der nötigen Vorsicht sei eine andere Vermutung geäußert: Verschiedene Indizien legen einen Zusammenhang mit den Herren von Parsberg nahe[52]. Schon die lokalen Gegebenheiten sprechen für diese Annahme. Dort sind mehrere der soeben genannten Vornamen wiederzufinden. Namhafte Träger des Namens Konrad von Parsberg spielen in der Profangeschichte, zwei Träger des Namens Friedrich von Parsberg in der Kirchengeschichte Bayerns eine nicht unwichtige Rolle. Doch sind diese Namen zugegebenermaßen damalige Allerweltsnamen, die nur mit Vorsicht zur Erstellung genealogischer Verbindungen zu verwenden sind. Mehr Beweiskraft hat der seltenere Name Hugo, den zwei namhafte Parsberger, allerdings in späterer Zeit, in leicht variierter Form tragen: Haug I. († vor 1480) und Haug II. († 1554). Wiederholt treten Mitglieder der beiden benachbarten Familien in enger Kooperation auf. Da die Parsberger ebenfalls zu den Erben der paponischen Burggrafen von Regensburg gerechnet werden, deuten mehrere Verbindungslinien wirklich auf diese im Donaubogen über zwei Jahrhunderte hinweg bestimmende Dynastie. Es ist gut denkbar, dass wie die Parsberger auch die Löwenecker in ihre Nachfolge gehören.

In diese Richtung weisen gemeinsame herrschaftliche Aktivitäten beider Geschlechter im Verlaufe des 13. Jahrhunderts[53]. Ihr paralleles Auftreten deutet vielleicht auf einen gemeinsamen Ausgangspunkt: den planvollen Einsatz des zusammengehörigen Familienverbandes an den beiden Hauptrouten der von Regensburg ausgehenden Fernstraße in nordwestlicher Richtung nach ihrer Gabelung bei Etterzhausen. Beide Straßenzüge wurden nach dem Ende der Burggrafen von den nachfolgenden Wittelsbachern im Rahmen ihres Herrschaftsaufbaues im Verlaufe des 13. Jahrhundert mit Burganlagen besetzt, die Angehörigen möglicherweise des gleichen Familienverbandes übertragen wurden. Die Burgen Parsberg und Löweneck sind zusammenzusehen und dienten an diesen unterschiedlichen Straßenzügen im Rahmen planvoller Verkehrspolitik der gleichen Aufgabe. Diese ursprüngliche und lange nachwirkende Zusammengehörigkeit sollte bei allen Weichenstellungen der Folgezeit Beachtung finden. Es muss betont werden, dass hier über Vermutungen nicht hinauszukommen ist. Es ist nicht möglich, ein überzeugend belegtes Stemma zu erstellen, das einen vor das letzte Quartal des 13. Jahrhunderts zurückreichenden Ausgangspunkt der Familie deutlich machen könnte.

Hugo von Löweneck

Das erste namentlich bekannte Mitglied der Familie ist der Spitzenahn Hugo. Sein Name verweist auf Bezüge zum Geschlecht der Parsberger. Hugo von Löweneck führt zu den schriftlichen Erstbelegen für das Rittergeschlecht der Löwenecker und damit auch zu den Anfängen ihrer Burg. Er wird in drei Diplomen der Jahre 1277 und 1278 genannt. Zwei weisen ihn als Aussteller, eines als Zeugen aus. In jedem Fall handelt es sich um bisher nicht gesehene Privaturkunden eines Landadeligen, die Beachtung verdienen.

Die Urkunden

Als **erste** Urkunde steht am Anfang das hochrangige Dokument einer im Original erhaltenen und in der formalen Gestaltung durchaus bemerkenswerten Pergamenturkunde[54]. Diese ist bisher unediert und somit unbekannt. Deswegen sei zunächst das Original mit der zugehörigen Dorsualnotiz sowie dem Siegel im Faksimile wiedergegeben.

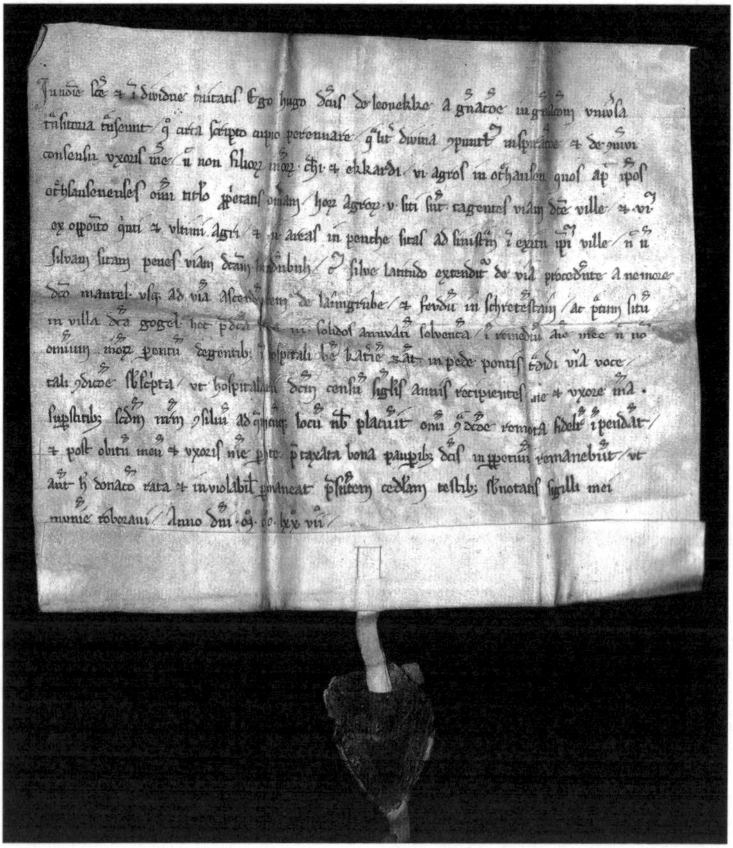

Abb. 5
(oben und folgende Seite): Die älteste Urkunde 1277
Archiv des St. Katharinenspitals Regensburg, Urk. 88

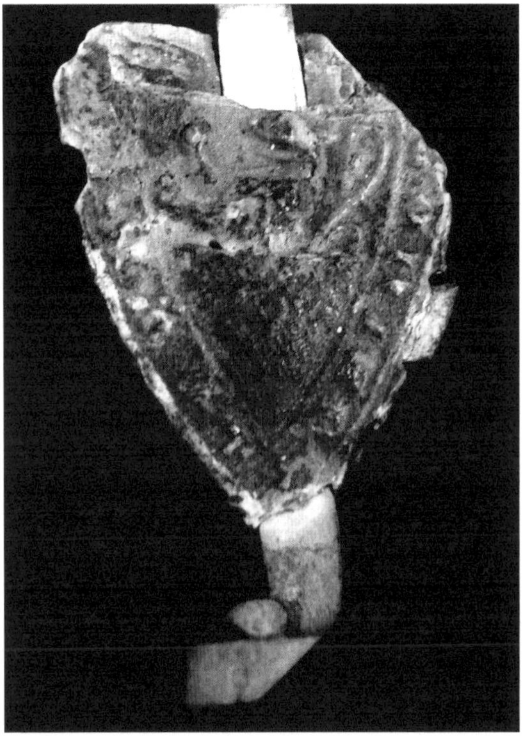

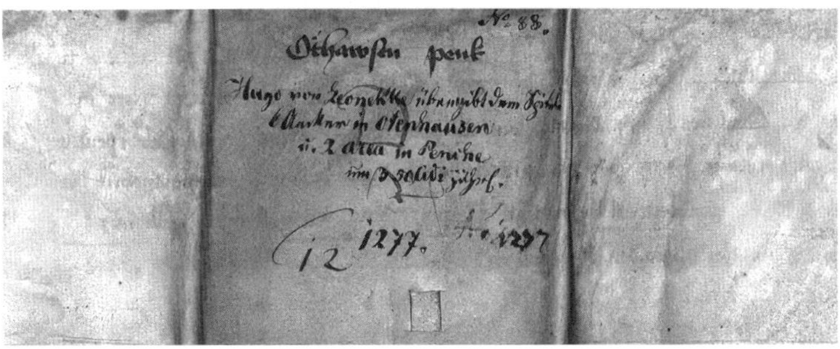
No. 88.
1277.

Der Text der Urkunde lautet in Transkription[55]:

Hugo von Leonekke (Burgstall Löweneck, Gemeinde Nittendorf, Landkreis Regensburg) überlässt dem St. Katharinenspital zu seinem und seiner Vorfahren Seelenheil sechs Äcker in Oethsausen (Etterzhausen, Gemeinde Nittendorf, Landkreis Regensburg), zwei Äcker in Penche (Penk, Gemeinde Nittendorf, Landkreis Regensburg) und einen Wald in Hindernbuh und eine Wiese in Gogel (beide Orte unbestimmt).

1277

In nomine sanctę et individuę trinitatis. Ego Hugo dictus de Leonekke a generatione in generationem universa transitoria transeunt: quocirca scripto cupio perennare qualiter divina conpunctus inspiratione et de communi consensu uxoris meę [Perhtę] nec non filiorum meorum Ch(unrad)i et Ekkardi, VI agros in Oethausen, quos aput ipsos Oethsausenenses omni titulo proprietatis emeram, horum agrorum V siti sunt tage(n)tes viam dictę villę et VIum ex opposito quinti et ultimi agri et II areas in Penche sitas ad sinistram in exitu ipsius villę, necnon silvam sitam penes viam dictam Hind(er)nbuh, cuius silvę latitudo extenditur de via procedente a nemore dicto Mantel usque ad viam ascendentem de Laimgrube et feudum in Schretenstain ac pratum situm in villa dicta Gogel. Hęc prędicta bona III solidos annuatim solventam in remedium animę meę necnon omnium meorum parentum degentibus in hospitali beatę Katerinę Rat(isponense) in pede pontis tradidi viva voce tali condicione subscripta, ut hospitalarii dictum censum singulis annis recipientes, me et uxore mea superstitibus secundum nostrum consilium ad quemcumque locum nobis placuerit omni contradictione remota fideliter impendant et post obitum meum et uxoris meę Perthę pretaxata bona pauperibus dictis in perpetuum remanebunt. Ut autem hic donatio rata et inviolabilis permaneat, pręsentem cedulam testibus subnotatis sigilli mei munimine roboraui.

Anno Domini M^{O} CC^{O} LXX^{O} VII°.

Die Urkunde nennt den untitulierten *Hugo dictus de Leonekke* als Aussteller. Dieser weist das Diplom der Gattung der Privaturkunden zu. In ihr fallen mehrere Eigenheiten auf. Empfänger ist das damals gerade ein halbes Jahrhundert alte und noch immer im Aufbau befindliche St. Katharinen-Spital zu Regensburg[56]. Das in lateinischer Sprache abgefasste Diplom wird mit einer verbalen Invocatio eingeleitet, die wörtlich aus dem Formular des Königsprivilegs übernommen ist. Auch die folgende Arenga greift mit der Beschwörung der Vergänglichkeit alles Irdischen und dem Hinweis auf göttliche Inspiration Gedanken auf, die dort oftmals Verwendung fanden. Schon aus den einleitenden Worten spricht ein unverkennbares Geschlechtsbewusstsein, das die Armenfürsorge zu den überzeitlichen Standespflichten rechnet. Der Sprachduktus bemüht sich vereinzelt um eine ungewöhnliche Wortwahl; an der Stelle des üblichen Partizips *tangentes* wird auf die antiquierte vorklassische Formulierung *tagentes* zurückgegriffen. Als Schenker werden die Mitglieder der Familie des Ausstellers einzeln vorgestellt. Neben Hugo finden seine Gemahlin Bertha – diese allerdings nur in der Zweitausfertigung der Urkunde – und die Söhne Konrad und Eckart als Mitwirkende namentliche Erwähnung. Die dispositive Verfügung orientiert sich mit der sehr in die Einzelheiten gehenden Übertragung von sechs Äckern in Etterzhausen und zwei Grundstücken im Dorf Penk zum Zweck der Versorgung der Spitalpfründner dann mehr an den üblichen Gattungseigenheiten der Privaturkunde. Es handelt sich um eine Seelgerätstiftung, deren Nießbrauch das Stifterpaar sich auf Lebenszeit vorbehält. Erst nach seinem Tod gehen die Liegenschaften einschließlich der Erträge in vollem Umfang an das Spital über. Dagegen macht die Abwicklung des Rechtsgeschäftes vor Zeugen wieder das ausgeprägte Standesbewusstsein des Ausstellers ersichtlich. Die Schenkung vollzog er vor einer nur kumulativ angeführten Gruppe von respektablen Standesgenossen.

Die Bekräftigung des Rechtsgeschäftes erfolgt mit dem auf einem Pergamentstreifen angehängten dreieckigen Schildsiegel des Ausstellers. Freilich ist es stark beschädigt und nur mehr schwer zu deuten. Das Siegelbild zeigt einen Wappenschild, darin ein auf den Hinterfüßen stehender aufsteigender, rechtsblickender Löwe, der aus einem gegitterten Dreieck herausragt. Die Siegelumschrift lautet: H[U]GO-

NIS DE LEWN[ECK]E. Mehrere formale Eigenheiten verschaffen der ersten Löweneck-Urkunde innerhalb der Privaturkunden eine bemerkenswerte Sonderstellung. Obwohl im abschließenden Bescheidenheitstopos ausdrücklich als wenig durchgestaltetes Papierstück (*cedula*) eingestuft, weist sie mehrere außergewöhnliche Elemente auf. Fast wie ein Paukenschlag leitete sie die Ouvertüre ein.

Die **zweite** Nennung des Ritters Hugo findet sich im Urkundenbestand des Regensburger Klosters der Dominikanerinnen bei Heilig Kreuz in einem Diplom vom 30. Mai desselben Jahres 1277, mit dem die Priorin Jutta den Verkauf eines Gutes des Ulrich Schmalz zu Sanding (Landkreis Regensburg) an die Nonnen mit bemerkenswertem Aufwand (*adhibita sollemnitate debita*) verbrieft. In den Revers, mit dem älterer Besitz des noch immer im Aufbau befindlichen Klosters am genannten Ort erweitert wird[57], sind Herzog Heinrich XIII. von Niederbayern (1253/55 – 1290) und Bischof Leo der Thundorfer von Regensburg (1262 – 1277)[58] einbezogen. In der Reihe der ungewohnt zahlreichen Zeugen (*et alii quam plures*) wird an dritter Stelle genannt ein in identischem Wortlaut angesprochener *Hugo de Leonekke*[59]. Es fällt allerdings auf die Hinzunahme des Standesattributs *dominus,* das in gleicher Weise für den die Zeugenliste vermutlich anführenden Landesherrn und den Diözesanbischof Anwendung findet; mit dieser Fremdbezeichnung wird der beanspruchte Status des Mitzeugen gekennzeichnet und eine gewisse Hofnähe des standesbewussten, angesehenen Ritters zum Ausdruck gebracht. Die ungewöhnlich lange Urkunde wird mit vier Siegeln bekräftigt, unter denen das Reitersiegel des Herzogs dem Bearbeiter durch besonders prächtige Gestaltung (*maximi moduli*) ins Auge stach.

Im Folgejahr 1278 wird derselbe Herr Hugo in einer **dritten** Urkunde als – hier wiederum untitulierter – Schenker (*Hvgo de Leoneck*) eines eigenen Gutes in Nittendorf an das nahegelegene Zisterzienserinnenkloster Pielenhofen anlässlich der Aufnahme seiner Tochter Jutta in den dortigen Konvent genannt[60]. Jutta ist die erste namentlich bekannte Nonne dieses Klosters[61]. Auch diese zweite Urkunde des Ausstellers Ritter Hugo ist im Original erhalten; sie befindet sich innerhalb des noch nicht fachkundig bearbeiteten Quellenbestandes des Klosters Pielenhofen.

Das Diplom wird ebenfalls mit einer – allerdings vereinfachten – verbalen Invocatio eingeleitet, die Arenga unterbleibt. Auch hier werden mehrere Standespersonen als Zeugen benannt. Abermals ist die Urkunde mit einem angehängten Siegel bekräftigt. Es ist heute kaum erkenntlich und wird in der Altliteratur folgendermaßen beschrieben: „ein auf den Hinterfüßen stehender Leu, nur das Vordertheil des Löwen sichtbar“. Im Vergleich zur erstgenannten Urkunde wird hier – trotz des namentlichen Verweises auf die Söhne Friedrich und Eckart – auffallenderweise die Gemahlin nicht genannt. War Bertha zu diesem Zeitpunkt vielleicht nicht mehr am Leben? Jedenfalls muss sie in diesen Jahren verstorben sein.

Denn wenige Jahre später taucht eine andere Frau an der Stelle des Herrn Hugo auf. Am 11. November 1285 verschreibt eine Gertraud von Löweneck (*Gedraut von Lewenek*) mit einer **vierten** Urkunde aus der Familie Löweneck dem Deutschordenshaus St. Ägidius in Regensburg einen Zehnt aus dem ihr gehörigen Weingarten *Fpaffe* (sicher verschrieben aus Pfaffe) zu Mariaort[62]. Mit ihr tritt nunmehr – noch immer ein Sonderfall – eine Frau als Hauptakteurin in den Vordergrund. Vielleicht hängt die Nichtnennung des Ritters Hugo mit dessen Tod zusammen; er wird – wie seine erste Gemahlin – um diese Zeit gestorben sein. Die Ausstellerin muss eine Frau von Stand gewesen sein. Für ihren Rang spricht vor allem ihr Bruder Hartwig; er war Stiftskanoniker zu St. Johann und somit ein angesehener Kleriker im Umkreis der Regensburger Domkirche. Er betreute mehrere Ämter im Stift und ist später als Pfarrer von Wallersdorf (Landkreis Dingolfing-Landau) bezeugt. Diese Angaben legen die Herkunft Gertrauds aus einer Familie gehobenen Standes im Regensburger Umland nahe, der weiterhin der Schwager Wolfgram und der Vaterbruder Albrecht als Zeugen angehören. An die Urkunde ist das Siegel des Spitzenzeugen Hartwig angehängt[63]. Die Schenkerin Gertraud erweiterte die Begüterung des Deutschordenshauses bei St. Ägidien in seinem wichtigen Besitzschwerpunkt zu Mariaort und erhält im Gegenzug zu ihrer Versorgung jeweils am St. Michaelstag einen lebenslangen Zins von sechs Schillingen in Regensburger Währung. Ende Dezember 1297 wird dieser Weingarten in volles Eigen umgewandelt; darauf wird zurückzukommen sein[64].

Die vier Urkunden aus dem unmittelbaren Umkreis des Ritters Hugo stellen die Löwenecker als sich mit bemerkenswerten Aktivitäten in das Rechtsleben einschaltende, aufstrebende Niederadelsfamilie vor. Man muss natürlich die Frage stellen, wer den doch bemerkenswerten diplomatischen Aktivitäten der auf einer abgelegenen Burg sitzenden Ritterfamilie das festgestellte anspruchsvolle Gesicht verschafft hat. Es lenkt den Blick auf die immer niveauvolle Kanzleitätigkeit der nahen Herren auf der Burg Parsberg, die durch ihre vielfältigen Verbindungen am ehesten über den benötigten Weitblick verfügten.

Die vorliegenden Diplome betreffen durchwegs Güterübertragungen an kirchliche Einrichtungen der Umgebung. Die Transaktionen belegen, dass die Löwenecker über zerstreuten Besitz in der Nähe der Reichsstadt Regensburg verfügten. Dieser war hauptsächlich am Nordufer der Donau gelegen und wurde zur Förderung der damals jungen kirchlichen Einrichtungen eingesetzt. Zu diesen neugegründeten Häusern traten sie nun in direkte Verbindung. Eine Tochter ist sogar in den Konvent des nächstgelegenen Klosters Pielenhofen als Nonne aufgenommen worden. Doch wird man den Einsatz des Rittergeschlechtes für die Klosterwelt im Vergleich mit anderen Familien ihres Standes nur als begrenzt einstufen dürfen. Sie sind lediglich als Förderer dieser Neugründungen durch die Überlassung einzelner Liegenschaften und Zinsgeschäfte mit Klöstern bezeugt, von denen keines einen erkennbaren Vorrang erhält. Im Gegensatz zu anderen Geschlechtern treten sie in keinem Fall als Gründer oder auch Vögte weiter in den Vordergrund.

Ministeriale der Wittelsbacher

Der Blick auf die mehreren urkundlichen Belege ergibt weitere Anhaltspunkte für die Ermittlung eines Profils des Ritters Hugo. Er muss ein wohlbegüterter, einflussreicher und standesbewusster Mann gewesen sein, auch wenn der *dominus*-Titel in den Urkunden nicht als

Eigen-, sondern lediglich als Fremdbezeichnung Erwähnung findet. Dazu bietet Emma Mages den im Zusammenhang mit der Herkunftsfrage bereits angeführten, bedenkenswerten Hinweis, dass Hugo von Löweneck identisch mit dem anderweitig bezeugten Hugo von Loch sein könnte[65]. Wenn diese Gleichsetzung zutrifft, wäre er ein überlokal agierender Burgherr, der zudem über eine noch mächtigere Befestigung in erreichbarer Nähe gebot. Der Wechsel der Herkunftsbezeichnungen unter Bezugnahme auf die unterschiedlichen Herrschaftspunkte war durchaus üblich. Doch kann die vermutete Identität nicht wirklich erhärtet werden.

Die vorgestellte Urkundengruppe trägt zur weiteren Erhellung des herrschaftlichen Standortes der Familie bei. Sie verweist auf Umwegen auf Verbindungen zum bayerischen Herzogsgeschlecht der Wittelsbacher. Die vom aufsteigenden Bürgertum aus der werdenden Reichsstadt hinausgedrängten Landesherren bemühten sich mit Einsatz um die Behauptung ihrer dortigen Rechte. Die ergriffenen Aktivitäten hatten ihren Schwerpunkt im nördlichen Vorfeld. Vor allem hier suchten die Herzöge die Zusammenarbeit mit möglichen Unterstützern. Dafür sind die vorgestellten Urkunden hilfreiche Zeugen. In jedem Fall wurde damit die Position der wittelsbachischen Landesherren zumindest berührt. Das St. Katharinen-Spital war schon durch seine Lage in der späteren wittelsbachischen Gegenstadt Stadtamhof ein bemerkenswerter Ansatzpunkt der Landesherren. Entsprechendes gilt für Mariaort, wo an der Naabmündung ein ansehnlicher Komplex von Herzogsbesitz fest verbürgt ist. Die Herzöge streckten mit gezielten Eingriffen nach und nach die Hand auf das Zisterzienserinnenkloster Pielenhofen aus, in dem in der Anfangsphase der regionale Stifteradel das Sagen gehabt hatte. Mit der Zeugenschaft in der Schenkungsurkunde für Kloster Heilig Kreuz von 1277 wurde Ritter Hugo für den Dominikanerorden tätig, über den der wittelsbachische Herzogshof seine fördernde Hand hielt[66]. Das galt besonders für die wenigen Niederlassungen im Regensburger Raum. Der Konvent von Heilig Kreuz hatte die kurz vorher von Herzog Ludwig II., dem Strengen, (1253/55 – 1294) erneuerte Wiedergründung des Ordens im nahen Pettendorf maßgeblich gefördert. Diese stand weiterhin unter der besonderen Fürsorge des Mutterklosters in der Stadt. Die Begünstigung des Stadtklosters bedeutete zugleich eine Unterstützung seiner jungen Filiale auf dem Land. Dazu trug auch diese Urkunde bei. Wenn in ihr der Herr von Löweneck in unmittelbarer Nähe zu Herzog Heinrich XIII. als Zeuge auftrat, war auch das eine – ihn jedoch nicht weiter einschränkende – Maßnahme der Förderung seines Geschlechts für eine dem begünstigten Kloster besonders eng verbundene Niederlassung des neuen Ordens[67]. Auf die näheren Umstände dieser Förderung wird zurückzukommen sein.

Schon die ersten Urkunden zeigen also die Löwenecker im Wirkungsbereich der wittelsbachischen Landesherren. Sie stellen die ritterliche Familie in den Zusammenhang mit dem Kampf der Wittelsbacher um die aus dem Herzogsverband ausscherende Reichsstadt Regensburg. Ihre Burg markiert einen Stützpunkt innerhalb eines besonderen Interessenraumes der Wittelsbacher. Hier war eine sehr aktive landesherrliche Ministerialität angesiedelt, die durch die Löwenecker Verstärkung erhielt. Ihr Wirkungsraum schloss auch das auf dem gegenüberliegenden Naabufer positionierte Ebenwies ein. Dieser bemerkenswerte Standort einer herrschaftlichen Mühle stellte eine weitere wichtige Position der Wittelsbacher dar, die sogar im ältesten Herzogsurbar ausgewiesen ist[68]. Die Löwenecker gehören zu den Dienstmannen der Herzöge, die einen förmlichen Gegengürtel gegen die Verselbständigungsbemühungen der werdenden Reichsstadt Regensburg in deren nördlichem Vorland aufbauten.

Der Ministerialität der frühen Wittelsbacher auch im Raum Regensburg hat Günther Flohrschütz eine profunde Untersuchung gewidmet[69]. Auf Spuren der Löwenecker konnte er dabei wegen der von ihm gewählten zeitlichen Zäsuren nicht stoßen. Dieses Rittergeschlecht setzte die in frühere Zeiten zurückreichende Ministerialenpolitik der Herzöge gerade im brisanten Konkurrenzraum des Donaubogens noch im ausgehenden 13. Jahrhundert fort. Doch tritt es erst spät sichtbar in den Vordergrund. Im erzählenden Schrifttum hat es keine Spuren hinterlassen. Die erhaltenen Privaturkunden mit den angehängten Siegeln sind das noch heute vorliegende Zeugnis dieser Bemühungen. Die herrschaftliche Zuordnung verdeutlichen die in das Siegelwachs eingedrückten Wappenbilder: Der Löwe verleiht der Verbindung mit den wittelsbachischen Landesherren von Bayern einen höchstrangigen heraldischen Ausdruck. Gerade an diesem Beispiel wird eine der Hauptaufgaben der landesherrlichen Ministerialität gut fassbar. Die Dienstmänner wurden oftmals zur Kontrolle wichtiger Straßenzüge und Flusswege eingesetzt. Verkehrspolitische Ordnungsmaßnahmen in brisanten Konkurrenzräumen gehörten zu ihren vornehmlichen Aufträgen[70].

Der bedeutendste Überrest ihres Wirkens ist die hinterlassene Ruine ihrer Burg. Die Wittelsbacher gelten als die hinter der Errichtung stehenden eigentlichen Veranlasser; die Bauzeit ist in die frühen 1270er Jahre zu setzen. Zum Zeitpunkt der Ersterwähnung 1277 müssen die Bauarbeiten im Wesentlichen abgeschlossen gewesen sein. Die Baumaßnahme erfolgte damit in einer Phase der Stabilisierung des wittelsbachischen Landesregiments durch gezielten und erfolgreichen Innenausbau unter den tatkräftigen Herzogsbrüdern Ludwig II., dem Strengen, und Heinrich XIII. Ohne Zweifel hatte der Neubau eine Stoßrichtung gegen die Reichsstadt Regensburg. Deren Rückgewinnung war eines der zentralen Themen der Landespolitik[71]. Burg Löweneck wurde einer von mehreren Ansatzpunkten zur Durchsetzung landesherrlicher Machtinteressen im Konkurrenzraum im nördlichen Vorfeld der Reichsstadt. Die Veste war ein Glied in dem um diesen Zentralort gelegten Ring herzoglicher Stützpunkte. Sie muss vor allem im Zusammenhang mit den Burgen Schwarzenfels[72] und Pettendorf[73] gesehen werden, wo die wittelsbachischen Herzöge frühere Positionen auf Gegendruck hin hatten wenige Jahre vorher aufgeben müssen. Die Landesherren errichteten hier nach dem verlorenen Waffengang mit der Reichsstadt von 1259 einen neuen Herrschaftspunkt, der in mehrfacher Hinsicht günstiger positioniert war. Das besagt die genaue Beachtung des Standortes und der Zeitstufe. Die Anlage der Burg Löweneck folgte auf die erzwungene Räumung dieser älteren Burgen in deren unmittelbarer Umgebung in verbesserter, nunmehr geradezu unangreifbarer Zwischenposition und mit zweckmäßigem Sicherheitsabstand. Im zweiten Herzogsurbar fand die neu aufgebaute Herzogsposition um 1280 jedoch keine Erwähnung[74]. Der Grund für diese Feststellung dürfte sein, dass die Burg keine Einkünfte erbrachte.

Eckart von Löweneck

Die Einbindung in die sich festigende wittelsbachische Landesherrschaft wird noch deutlicher in der zweiten Generation der Löwenecker. Der Herrschaftswechsel vom Vater auf den Sohn erfolgte in den späten 1280er Jahren oder bald zu Beginn der 1290er Jahre. Der in einer Schenkungsurkunde des Jahres 1292 für Kloster Pielenhofen genannte Eckart *von Lewenberch* muss wohl als Verschreibung für Löweneck verstanden werden[75]. Hier wird als Zeuge erstmals der Nachfolger Eckart genannt. Zur gleichen Zeit, genau im Jahr 1290, folgte im Teilherzogtum Niederbayern, unter erneuter Anwendung des Prinzips der Herrschaftsteilung, auf Heinrich XIII. das Brüdertrio Otto III. (1290 – 1312), Ludwig III. (1290 – 1296) und Stephan I. (1290 – 1310). Wenig später ging 1294 im Teilherzogtum Oberbayern die Regierung vom schließlich hochbetagten Ludwig II. auf das von Anfang an sehr aktive Brüderpaar Rudolf I. (1294 – 1319) und Ludwig IV. (1294 – 1347) über. Die zeitlich in etwa zusammenfallenden Wechsel auf den wittelsbachischen Herzogsthronen sowie auf Burg Löweneck veränderten die herrschaftlichen Voraussetzungen spürbar. Die neue personelle Konstellation spiegelt sich in den vorliegenden Urkunden in Deutlichkeit wider.

Die Urkunden

Für frischen Wind sorgte zunächst vor allem Ritter Eckart. Die ihn betreffenden Urkunden gebrauchen vielsagende Standesattribute. Im Unterschied zum selber untituliert auftretenden Vorgänger Hugo wird der Sohn Eckart in den von ihm mitbezeugten Urkunden mit unverkennbar erhöhter Achtung angesprochen. Nun ist ausdrücklich von *Her*[76] und *edel Mann*[77] die Rede. Die Siegelführung wird vermehrt. Offensichtlich legte der Ritter auf seinen Status einen deutlich gesteigerten Nachdruck. Diesen hatten auch die Aussteller der Urkunden zu respektieren, in die er einbezogen wurde.

Mit Gewissheit taucht Ritter Eckart dann in den Urkunden im

Jahr 1297 auf. Zusammen mit dem Diözesanbischof von Regensburg Konrad von Lupburg (1296 – 1313) bezeugt und besiegelt er Kauf- und Schenkungsurkunden[78]. Sodann greift er die mehr als ein Jahrzehnt zurückliegende Verfügung seiner Gemahlin Gertraud bezüglich des Weingartens zu Mariaort[79] erneut auf und setzt eine für ihn günstigere Umgestaltung des Vertrages durch. Beurkundet wird der Vorgang durch Heinrich von Siegenhofen, Deutschordenskomtur von 1290 bis 1297. Eckart übergibt an das Deutschordenshaus den bisher abgabepflichtigen Weingarten zu Mariaort nun zu vollem Eigen. Im Gegenzug erhält er ein für ihn sehr günstig gelegenes Anwesen zu Penk, aus dem er bisher Zinseinkünfte bezog, ebenfalls zu freiem Eigen[80]. Der Wechsel verschaffte beiden Vertragspartnern einen verbesserten Rechtsstatus bezüglich der betroffenen Landgüter. Das Geschäft vergrößerte den bisherigen Besitz der Ritter im Burgort Penk und festigte damit ihre dortige Position. Edelherr Eckart machte sich mit Einsatz an den Ausbau seiner Herrschaft am Stammsitz. Er ist der Initiator des Rechtsvorganges von 1297.

In seine gesteigerten Ansprüche eröffnet weiterhin einen erhellenden Einblick eine im Original erhaltene Privaturkunde für das Dominikanerinnenkloster Pettendorf, in der Eckart (*Ekkardus de Leonek*) bei der Verkaufsaktion des Ortspotentaten Konrad von Pfaffendorf (Landkreis Landshut) aus dem Jahr 1306 zu Saal an der Donau (Landkreis Kelheim) fungiert[81]. Hier tritt er nicht nur als Zeuge, sondern in höherwertiger Funktion als Bürge auf. Er führte die einschlägige Namengruppe an. Die Nennung als erster Bürge verweist auf eine hervorgehobene Position innerhalb der zur Absicherung des Rechtsgeschäftes beigezogenen Dorfvorstände. Diese belegt weiterhin sein auch an diese Urkunde angehängtes, an sachgerechter Stelle platziertes, allerdings ebenfalls beschädigtes Siegel. In der Zeugenreihe dieser Urkunde werden zudem noch zwei Gefolgsleute mit Namen Albert und Eckart genannt; handelt es sich bei Letzterem vielleicht um seinen gleichnamigen Sohn? Der selbstbewusste Ritter lässt sich bei diesem Rechtsgeschäft von Gefolgsleuten begleiten. Inhaltlich verfügt auch dieses Diplom in keiner Weise eine materielle Begünstigung des Konvents durch den Ritter; dieser sorgt in Abstimmung mit anderen allein für die rechtliche Absicherung des

Vorganges. In vergleichbarer Funktion tritt der Adelige zur nämlichen Zeit in einer Urkunde anlässlich der Übertragung der Nachbarburg Lichtenroth auf, wo *Her Ekhart von Lewenecke* im Kreis höchst respektabler Standesgenossen als Zeuge und Siegler diesen Rechtsvorgang bekräftigt[82].

Eine Reihe von Diplomen dokumentiert also die Herrschaftsaktivitäten des Ritters im näheren Umfeld; in keinem Fall handelt es sich um eine eigene Schenkung. Der Landadelige verfolgte ambitionierte Ziele. Er hielt seinen Besitz zusammen und brachte mit Nachdruck seinen hervorgehobenen Status zur Geltung. Als besonders besorgter Klosterförderer betätigte sich auch Ritter Eckart gewiss nicht.

Gegner der Klöster Pettendorf und Pielenhofen

Die Familie der Löwenecker tritt im erhaltenen, recht aussagekräftigen, nunmehr gut erschlossenen Urkundenbestand des Klosters Pettendorf in keiner Weise in den Vordergrund[83]. Das wird nicht weiter verwundern, wenn man die Geschichte des Klosters **Pettendorf** in der zweiten Hälfte des 13. Jahrhunderts genauer in den Blick nimmt. Sie muss an dieser Stelle zum Verständnis der Vorgänge etwas breiter vorgestellt werden. Das Kloster war nach dem Aussterben der Herren von Pettendorf – Lengenfeld – Hopfenohe von deren Besitznachfolger Pfalzgraf Otto IV. aus dem Hause Wittelsbach († 1156) auf dem dortigen Erbgut bald nach 1119 gegründet worden; es gehört somit zu den wittelsbachischen Klosterstiftungen. Doch war der Erstgründung kein längerfristiger Bestand beschieden. Das kleine Haus musste im Rahmen der herrschaftlichen Auseinandersetzungen im umkämpften Konkurrenzraum vor den Toren der Reichsstadt den Betrieb bald einstellen. Erst zu Beginn der 1260er Jahre, wurde das Kloster von Herzog Ludwig II. – wohl im Rahmen der Bewältigung der unberechtigten Hinrichtung der Herzogin Maria von Brabant (1226 – 1256) zu Donauwörth – in Parallele zum Zisterzienserkloster Fürstenfeld neu begründet. Doch wurde diese zweite herzogliche Sühnestiftung an diesem Ort schon wenig später mit Raub und Brand überzogen und schlimm heimgesucht; es ist von einer völligen Vernichtung auszugehen[84]. Die Aktion ist zwischen 1271 und 1274, also im Rahmen der allgemeinen Wirren der „kaiserlosen, der schrecklichen Zeit" des Interregnums (so Friedrich Schiller), anzusetzen. In den Quellen wird lediglich die Tatsache der Zerstörung angesprochen. Der Urheber wird an keiner Stelle genannt. Die spätere Lokalgeschichtsschreibung hat auf der Grundlage der Ortstradition die Ritter von Löweneck der Untat beschuldigt[85]. Der Vorwurf hat alle Wahrscheinlichkeit für sich. Der heimatlos gewordene Nonnenkonvent musste sich ins Mutterkloster Heilig Kreuz zu Regensburg zurückziehen und hier für eine Übergangszeit wieder Unterschlupf sowie Sicherheit suchen. Insofern war auch das Stadtkloster von den Ausfällen der Löwenecker betroffen. Dieser Sachverhalt ist von Belang für die Interpretation der bereits behandelten zweiten Urkunde des Ritters Hugo von 1277.

Somit musste ein dritter Anlauf zur Klostergründung unternommen werden. Die Nonnen trugen ihre Klagen vor das Stiftergeschlecht, das ab der Mitte der 1270er Jahre die Wiederherstellung auf den Weg brachte. Sie wurde allerdings nicht mehr am alten Standort vorgenommen, sondern in die Abgeschiedenheit des nahen Adlersberges ausgelagert. Die Wittelsbacher engagierten sich an diesem Ort besonders, weil sie ihm angesichts der damaligen Zeitumstände hauptsächlich den Auftrag einer Sühnestiftung zudachten. Die Untat des ortsnahen Rittergeschlechtes der Löwenecker ist nach der Erneuerung nicht in Vergessenheit geraten. Darauf wurde sogar im zeitnahen Stifterfresko des Kirchenneubaues, einem Kunstdenkmal wegen des historisierenden Themas von herausragender Bedeutung, ausdrücklich Bezug genommen. Durch die einzigartige Berücksichtigung Herzog Ludwigs des Strengen wurde dessen bestimmender Anteil an der Restitution deutlich in den Blickpunkt gerückt. Er darf als der zweite Gründer des Klosters gelten. Die Löwenecker haben dagegen zur Restitution keinen erkennbaren materiellen Beitrag geleistet. Dass sie zur Wiederherstellung des Klosters Pettendorf „gewiß viel beigetragen" hätten, ist eine gänzlich unbegründete Vermutung des späteren Patrimonialrichters Forster[86]. Auch die Einbeziehung in die behandelte Urkunde von 1277 für den Konvent zu

Abb. 6:
Johann Georg Hämmerl, Kloster Pettendorf, Federzeichnung um 1803
(Städtische Museen Regensburg)

Heilig Kreuz kann diese Verweigerung nicht überdecken. Das Verhältnis der Löwenecker zum Nachbarkloster war auf Dauer schwer belastet. Es kam nie zu positiven Beziehungen. Für den gerade in diesen Jahren des Neuaufbaus äußerst bedürftigen Konvent der Dominikanerinnen hat der standesbewusste Nachbar Ritter Eckart keine einzige materielle Unterstützung geleistet. Die Ritter von Löweneck sind im Grunde die großen Gegner des Dominikanerinnenklosters Pettendorf gewesen und auf Dauer geblieben.

Nun standen die Löwenecker zudem in einem Ministerialenverhältnis zu den Herzögen. Deswegen trieb die in die Erinnerung tief eingegrabene Untat des Rittergeschlechts notwendig einen Keil auch

zwischen dieses und die wittelsbachische Stifterfamilie. Sie stellte auf Dauer eine echte Belastung für das dienstliche Ministerialenverhältnis dar.

Mindestens genauso schwierig gestalteten sich die Beziehungen der Löwenecker zum unmittelbaren Nachbarkloster **Pielenhofen**. Die bisherige Untersuchung hat nach der Urkunde von 1278 keine förderlichen Verbindungen mehr zwischen dem Rittergeschlecht und der Zisterzienserinnenniederlassung ergeben[87]. Diese Feststellung muss auffallen. Im Hochmittelalter sind im Allgemeinen geradezu umgekehrt in Auswirkung der Kirchenreform besonders intensive Bemühungen des Adels um das Klosterwesen kennzeichnend.

Abb. 7:
Johann Georg Hämmerl, Kloster Pielenhofen, Federzeichnung um 1803
Städtische Museen Regensburg

Die meisten Adelsgeschlechter haben sich ein dynastisches Hauskloster geschaffen, das sie mit Hingabe und Einsatz unterstützten. Ein sakraler Mittelpunkt war unverzichtbares Element der entstehenden Adelsherrschaften. Als solches hätte sich für die Löwenecker das in Sichtweite gelegene Zisterzienserinnenkloster förmlich angeboten. So hätte man eine gleichzeitige Parallele zu mehreren Niederlassungen des Ordens in anderen Herrschaftsbereichen schaffen können. Gerade der Orden der grauen Mönche und Nonnen wurde mit unverkennbarer Vorliebe für derartige Aufgaben herangezogen. Stift Fürstenfeld ist das besonders eindrucksvolle Beispiel im Teilherzogtum Oberbayern. Die Klöster Seligenthal, Raitenhaslach und Fürstenzell erhielten die gleiche Funktion in Niederbayern oder Schönau in der Kurpfalz. Im weiteren Umkreis könnte man auf die Zisterzienserstifte Stams in Tirol, Heiligenkreuz in Österreich, Altzella in Sachsen oder Hohenfurth in Böhmen verweisen.

Im Falle Pielenhofens liegen andere Verhältnisse vor. Die unterschiedliche Zeitstufe der Gründung des Klosters und des Baues der Burg Löweneck mögen ein Grund für diese Feststellung sein. Die Löwenecker hatten mit der Errichtung des Klosters ab 1237 noch nichts zu tun. Aber auch in der Folgezeit sind sie nicht als besondere Förderer oder Schutzherren hervorgetreten. In den frühesten Urkunden des Klosters spielen die Ritter keine Rolle. Das änderte sich erst mit dem angeführten Diplom von 1278, das mit den Hinweisen auf den Klostereintritt der Tochter Jutta und einer damit verbundenen Güterübertragung jedoch isoliert im Raum steht[88]. Diese Verfügungen hatten keine dauerhafte Annäherung zur Folge. Es gibt keinen Hinweis auf ein Familienbegräbnis der Löwenecker im nahen Pielenhofen. Ein solches strebten wohl die Herren von Parsberg, die Ehrenfels von Beratzhausen oder die Hohenfelser an[89]. Wo die Löwenecker ihre Toten zur letzten Ruhe gebettet haben, ist unbekannt. Von einem

Hauskloster der Löwenecker ist nirgends die Rede. Sie hatten offensichtlich ein bemerkenswert distanziertes Verhältnis zur Klosterwelt. Das ist für diese Zeit doch weithin ein Sonderfall.

Das Verhältnis der Landadeligen zu den Zisterzienserinnen zu Pielenhofen verlief in unübersehbarer Parallele zur Behandlung der Dominikanerinnen zu Pettendorf. Von Ritter Eckart liegt auch für die Zisterzienserinnen keine wirkliche Förderurkunde vor. Stattdessen sind unverkennbare Spannungen das auffallende Hauptmerkmal des Verhältnisses der Ritter auch zu diesem nächstgelegenen Kloster. Die Beziehungen der Löwenecker Ritter zu den Zisterzienserinnen waren in gleicher Weise von unübersehbaren Differenzen und Streitigkeiten gekennzeichnet, die bis zu feindseligen Aktionen gesteigert wurden. Die Auseinandersetzungen gingen durchaus an die Substanz und zielten auf die Existenz. Das bekamen in ähnlicher Schärfe die grauen Nonnen zu Pielenhofen zu spüren. Die Ausstattung des neuen Klosters mit ausreichenden Fundationsgütern durch andere Geschlechter stieß notgedrungen auf den Widerstand der zu eben dieser Zeit expandierenden Ritter. Wie ihre Standesgenossen waren sie bestrebt, eine eigene kleine Adelsherrschaft aufzubauen. Die widerstreitenden Interessen prallten gerade im unteren Naabtal hart aufeinander. Zurecht wurde festgestellt: „Für das nahegelegene Kloster Pielenhofen muß die Burg eine ständige Belastung und Bedrohung gewesen sein.“[90]

Der machtlose Frauenkonvent schlug zur Verteidigung die nämliche Marschroute ein wie die in gleicher Weise bedrohten Nonnen von Pettendorf. Zur Abwehr der dauerhaften Fehde wandte er sich an das Geschlecht der Wittelsbacher, dem als Inhaber der Herzogswürde und später zudem des Königtums die Pflicht des Kirchenschutzes oblag. Diese hatten schon bisher durchaus Interesse an der Neugründung bekundet [91].

Die Alleingänge und Eigenwilligkeiten des Lehensmannes waren vor allem gegen die nächstgelegenen Frauenklöster gerichtet. Doch waren sie nicht die einzigen Opfer der Gewalttätigkeit der niedergehenden Ritter. In gleicher Weise hatte darunter auch der Straßen- und besonders der Handelsverkehr auf der belebten nahen Land- und Wasserstraße zu leiden, der kurz vor den Toren der in ihrer

Blüte stehenden Wirtschaftsmetropole Regensburg ein noch lohnenderes Ziel abgab. Die Ritter verkümmerten immer mehr zu Raubrittern. Ihre andauernden Übergriffe mussten bald den Widerstand der erstarkenden wittelsbachischen Landesherrschaft heraufbeschwören.

Wittelsbachische Gegenmaßnahmen

Die Landesherren sahen dieser durchaus im Trend der Zeit liegenden Entwicklung nur anfangs tatenlos zu. Die beiden oberbayerischen Teilherzöge Rudolf und Ludwig waren in den ersten Jahren ihrer Herrschaft in ernsthafte interne Auseinandersetzungen verwickelt, die ihnen die Hände banden, so dass der Löwenecker über Jahre hinweg freies Spiel hatte. Als die zwei Landesherren aber nach einem Jahrzehnt allmählich den Weg zu einer für beide Seiten annehmbaren Herrschaftsteilung fanden, schufen sie mit zwei Urkunden klarere Verhältnisse. Sie begannen, dem anwachsenden Standesbewusstsein des Ritters Eckart seine Grenzen aufzuzeigen und ihn gezielt in die Schranken zu weisen. Mit deutlich verschärfter Sprache nahmen die Herzogsurkunden die Burg Löweneck nun ausdrücklich als zum Herrschaftsverband der Wittelsbacher gehörig in Anspruch. Mit unverkennbarem Nachdruck wird sie als Herzogsgut (*castrum nostrum*) reklamiert, das den Rittern lediglich auf begrenzte Zeit zur Verwaltung übergeben (*sue attractum potestati*) worden sei[92]. Diese verfügten über keine genuinen, sondern lediglich delegierte Herrschaftsrechte. Damit wurde unmissverständlich festgestellt, dass der Löwenecker ein Dienstmann, ein Ministeriale, der Landesherren war, der deren Interessen in dem ihm zugewiesenen Zuständigkeitsraum zu vertreten und zu verteidigen hatte. Mit Betonung wird der aufstrebende Ritter dem Dienstmannenverband der Wittelsbacher zugeordnet, der eine tragende Säule ihrer Landesherrschaft war[93]. Burg Löweneck war an der Wende vom 13. zum 14. Jahrhundert der wichtigste militärische Fixpunkt im unteren Naabtal, von dem aus die herrschaftlichen Verhältnisse gerade mit dem Blick in Richtung Regensburg ausschließlich nach den Vorgaben der Landesherrschaft geregelt wurden. Das wurde dem Ritter seit dem Eintritt ins 14. Jahrhundert deutlich gemacht. Die Herzöge gingen auf Gegenkurs.

Das erste wichtige Diplom in diesem Konflikt ist die Herzogsurkunde vom 30. November 1306[94]. Damit gewährt der Teilherzog von Niederbayern Stephan I. seinem Diener *Eckart von Leonekk* das Recht, die Burg Löweneck entweder dem Kloster Pielenhofen oder wem er sonst will zu verkaufen; hier wird die Burg Löweneck erstmals in einer Schriftquelle genannt. An diesem Diplom fällt vor allem der Herzog von Niederbayern als Aussteller auf, nachdem Löweneck im Zuständigkeitsbereich Oberbayerns lag. Noch immer waren damals die beiden Teilherzöge im oberbayerischen Landesteil in die angesprochenen Herrschaftsstreitigkeiten verwickelt. Nun erreichte aber die rivalisierende niederbayerische Linie mit der ersten Königskrone für das Haus Wittelsbach, die Teilherzog Otto III. 1305 in Ungarn errang, einen ersten Höhepunkt. Das ranghöchste Mitglied reklamierte gegenüber den mehreren Teilherzögen die Stellung des Oberhaupts der Wittelsbacherdynastie. Der ungewöhnliche Aussteller der Urkunde, der unter den Herzögen in Niederbayern als mindermächtig eingestufte Stephan I., wurde hier deswegen tätig, weil er als Stellvertreter des nach der Wahl weiterhin in Ungarn gebundenen wittelsbachischen Königs Otto III. fungierte. In diesem Sinne schaltete er sich in die anfallenden Konflikte ein: *Otto dux Bavariae consensu fratris sui Stephani sanctimonialibus in Puelenhofen confirmat praedium* heißt es in einer vergleichbaren Angelegenheit[95]. Am ehesten dieser Vorschlag erklärt den ungewöhnlichen Aussteller. Die als Vermittlerin angeführte Intervenientin Elisabeth[96] sollte die Zuständigkeit der Gesamtdynastie für die leidige Angelegenheit verstärken.

Im Besonderen fällt die Bezeichnung des Empfängers der Urkunde als *Diener* des Ausstellers auf. Damit wird die beanspruchte Hierarchie mit ungewöhnlichem Nachdruck herausgestellt. Dieser Schlüsselbegriff betont unmissverständlich die Unterordnung. Das deutsche Substantiv *Diener* verleiht dem angestrebten Rechtsverhältnis noch mehr Schärfe als die unverbindlichere lateinische Funktionsbezeichnung Ministeriale. Diesem Untertanen wird in unmissverständlicher Deutlichkeit nahegelegt, die Stammburg mit dem

Allodialbesitz den Klosterfrauen von Pielenhofen oder wem er sonst will zu verkaufen. Den Nonnen wird in der herrschaftlichen Auseinandersetzung ein Vorkaufsrecht zugesprochen, zu dessen Realisierung sie infolge der dafür benötigten Finanzmittel kaum die Möglichkeit hatten. Im Grunde war damit die Aufforderung der Landesherrschaft an den Ritter verbunden, seine Position auf der Burg von sich aus aufzugeben. Unausgesprochen stand für den Fall der Weigerung im Hintergrund die Androhung schärferer Maßnahmen.

Wirklich ging dann das bald folgende Diplom der oberbayerischen Teilherzöge Rudolf I. und Ludwig IV. den angedrohten Schritt weiter. Gleichzeitig zum Misserfolg der ungarischen Königspläne Ottos III. haben sie sich dem – freilich nur vorübergehenden – Ende ihrer internen Auseinandersetzungen genähert und sich als für den Sachverhalt zuständige Teilherzöge selber der Sache angenommen. Dementsprechend treten sie nun als gemeinsame Aussteller der in Regensburg ausgefertigten wichtigen Urkunde vom 31. Mai 1309 für Kloster Pielenhofen auf[97]. Das Diplom geht einen deutlichen Schritt über die Regelung von 1306 hinaus und erteilt dem Konvent die landesherrliche Genehmigung, die Burg weiter an sich zu ziehen (*conquirat*) und unter Umständen sogar völlig abzureißen (*non differat demolire*). Es muss auffallen, dass dabei weder der Name des betroffenen Ritters genannt noch ein Standesattribut für ihn gebraucht wird. Stattdessen ist fast despektierlich lediglich vom *dilectus Leonekkius* die Rede, wobei das Adjektiv wohl in erster Linie das Untertanenverhältnis in euphemistischer Umschreibung unterstreichen sollte. Da die Nonnen zur angesprochenen gewaltsamen Regelung der Angelegenheit aus eigener Kraft nicht in der Lage sein konnten, musste hier die Landesherrschaft gefordert sein. Der Löwenecker war in völlige Ungnade gefallen. Ihm wurde angedroht, dass die Angelegenheit notfalls auch mit militärischen Mitteln gelöst werden konnte.

Die beiden Urkunden von 1306 und 1309 machen von Seiten der zwei wittelsbachischen Teillinien den Rechtsstatus der Löwenecker besonders deutlich und bestimmen deren Standort in der Herrschaftshierarchie: Sie sind Lehensleute der Herzöge, die neben ihrem

Eigenbesitz im Umland die Burg und die damit verbundenen Herrschaftsrechte lediglich als Dienstlehen verwalteten. Als Oberherr kann der Herzog jederzeit sehr weitgehende Verfügungen bezüglich der Veräußerung und sogar der Zerstörung des Burglehens treffen. Im Grunde war mit diesen zwei Urkunden die Aufforderung der Herzöge an die Burgherren verbunden, das Feld zu räumen und damit Platz für neue Ordnungsmaßnahmen der Landesherrschaft zu machen.

Es stellt sich natürlich die Frage, warum die Herzöge nun den Ton so sehr verschärften und plötzlich sehr weitgehende Bestimmungen gegen ihren Dienstmann treffen zu müssen glaubten. Entscheidend war der am 1. Oktober 1310 schließlich besiegelte Ausgleich der bisher verfeindeten Teillinien; er eröffnete neue Handlungsspielräume, die zunächst in der inneren Politik genutzt werden sollten. Nun blies dem Ritter auf der Löwenburg plötzlich ein sehr kalter Wind ins Gesicht.

Allerdings ist in der Urkunde von 1309 in einer Nebenbemerkung vom Ende Eckarts die Rede; die angesprochene Aktion sollte erst nach seinem Tod erfolgen, mit dem aber bereits gerechnet wurde. Man bezog den Mannfall der Lehensverfassung in die Erörterungen ein. Freilich lässt sich über das Alter des Ritters nichts sagen; sein Todesjahr ist unbekannt. Weiterhin wird nicht ersichtlich, ob mit ihm das Geschlecht – wie in vielen anderen Fällen des Zeitalters des auffallenden Grafensterbens – an sein Ende gelangte oder ob noch Nachkommen zur Verfügung standen. Die familiären Verhältnisse bleiben – ungeachtet des 1306 belegten Dieners Eckart – völlig im Dunkeln. Doch waren sie im Grunde auch nicht von Belang. Die immer herrschaftsorientierten Wittelsbacher verfolgten ihre eigenen Absichten, ohne dabei allzu sehr Rücksicht auf Einzelpersonen zu nehmen. Sie waren fest entschlossen, das Problem einer endgültigen Klärung zuzuführen – auch unter Anwendung von Gewalt.

Das Ende

Der Löwenecker verstand, die Zeichen der Zeit zu deuten. Und er zog die notwendigen Konsequenzen. Die letzte Nennung des Ritters Eckart erfolgte in einer Urkunde vom 17. Juli 1312[98], die er zusammen mit seiner Gemahlin Gertraud veranlasste. Sie ist das einzige von Ritter Eckart selber ausgestellte Diplom, das vorliegt. Empfänger war der namhafte Ritter Dietrich von Parsberg. Es knüpft an die erwähnte Urkunde Herzog Stephans I. von 1306 an. Um der dort angedeuteten Drohung zuvorzukommen, verfügte der Ritter tatsächlich den empfohlenen Verkauf der Burg Löweneck mit dem Dorf Penk sowie den zugehörigen Lehen in Etterzhausen (einschließlich der Urfahr), Nittendorf und im abgegangenen, nicht bestimmbaren *Iriensvellt*[99]. In die Kaufaktion musste in Nachwirkung alter Rechte aus der Burggrafenzeit auch der Bischof von Regensburg einbezogen werden. Damit endete die Herrschaft der Löwenecker auf ihrer Stammburg, die nun für wenige Jahre in die Verfügung der Herren von Parsberg überging[100]. Diese waren die mächtigsten Herrschaftsträger im gesamten Umfeld und weiteten mit dem Vorgang ihre Zuständigkeiten noch einmal deutlich aus. Über mögliche dynastische Zusammenhänge wurden bereits Vermutungen angestellt, die durch diese Verfügung weitere Wahrscheinlichkeit gewinnen. Man kehrte damit zu früheren Verhältnissen zurück. Allerdings musste ein Teil der Burgherrschaft den oberpfälzischen kleinadeligen Herren Heinrich und Ruprecht von Taxöldern (Gemeinde Bodenwöhr, Landkreis Schwandorf) zur Entschädigung für in den beständigen Kleinkriegen dieser Jahre im Dienst der Wittelsbacher erlittene Verluste überlassen werden[101]. Dieser einzige nachvollziehbare Besitzerwechsel auf der Burg Löweneck erfolgte sicher nicht freiwillig. Entscheidender Druck wurde von der Landesherrschaft ausgeübt, die damit einem dringlichen Antrag der Zisterzienserinnen von Pielenhofen Geltung verschaffte[102]. Der Löwenecker deutete die Lage zutreffend und sah sich veranlasst, tätig zu werden. Freilich stellte der Vorgang für ihn eine schwere Demütigung dar. Er wurde zum Handeln gezwungen, ohne dass die Landesherrschaft selber aktiv wurde. Sie war durch vielfältige Verpflichtungen in diesen entscheidungsvollen Jahren andernorts gebunden. Dennoch gingen von ihr hinreichend starke Impulse aus, dass die Gefolgsleute selber erkannten, was nun angesagt war.

Die Zerstörung der Burg

Freilich wurde das Kloster Pielenhofen mit der Änderung der Eigentumsverhältnisse noch immer nicht voll zufriedengestellt. Der Konvent strebte die gänzliche Ausschaltung des erbitterten Gegners an. Auch das 1309 urkundlich verbriefte Zugeständnis der Zerstörung seiner Burg sollte durchgesetzt werden, um den bisherigen Übergriffen ein dauerhaftes Ende zu bereiten. Rechtsgrundlage war die Oberhoheit des Landesherrn gegenüber einem in Misskredit geratenen Ministerialen, wodurch die herzogliche Schutzpflicht für ernsthaft bedrohte Frauenklöster und den allgemeinen Landfrieden in Kraft gesetzt wurde. Obwohl Ludwig IV. nach der unentschiedenen Königswahl von Oktober 1314 selber in größten Nöten war, seine Ansprüche durchzusetzen, schritt der gewählte König auf diesem politischen Nebenschauplatz sehr rasch zur Tat und ließ die Löwenburg dem Erdboden gleichmachen, sobald er eine Möglichkeit dafür sah.

Die gewaltsame Destruktion wurde von den Kämpfern des Landesherrn Ludwig IV. ausgeführt. Es bleibt unklar, ob sie im Zusammenhang mit dem Tod des Ritters Eckart erfolgte, so dass damit die in der Urkunde von 1309 angesprochene Voraussetzung des Mannfalls tatsächlich gegeben war. Auch vom Einverständnis der Ritter von Parsberg als neuen Besitzern ist auszugehen. Um weiteren befürchteten Rivalitäten auf Dauer den Boden zu entziehen, waren sie mit der Beseitigung des Herrschaftspunktes einverstanden. Sie haben die Burg Löweneck selber nie bewohnt, weil dafür kein Bedarf bestand.

Die Zerstörungsaktion wird üblicherweise in die Jahre nach 1312 bis 1316 datiert. Der Blick in das Itinerar des Landesherrn ermöglicht eine zeitliche Eingrenzung des Vorgangs; er gehört am ehesten in die letzten Monate des genannten Zeitraumes. Der im Rahmen der sehr umstrittenen Wahlgeschäfte des Reichsoberhauptes in den Rheinlanden lange gebundene nunmehrige König Ludwig IV. kam erst ab

April 1315 wieder für längere Zeit in den Donauraum. Da König Ludwig IV. zum Zeitpunkt der Ausstellung der Urkunde in Herrieden (Stadt im Landkreis Ansbach) mit militärischen Aktivitäten (*besaezze*) nachzuweisen ist, darf man die persönliche Einbeziehung des Monarchen in die Maßnahme, die in erreichbarer Entfernung durchgeführt wurde, voraussetzen. Die bekannten Fakten legen nahe, die kleine militärische Aktion im Monat Februar 1316 anzusetzen. Damals stand für den Wittelsbacher „die Pflege seiner Beziehungen zum nordgauischen Adel und die Gewinnung neuer Dienstmannen" im Vordergrund[103]. Die Schleifung der Burg Löweneck passt am ehesten in diesen Zusammenhang.

Die Zerstörungsaktion der Reichsherrschaft wird durch eine Urkunde König Ludwigs IV. verbürgt. Das noch unedierte Privileg sei im Original wiedergegeben:

Abb. 8:
Königsprivileg Ludwigs IV., 3. März 1316
StAAu, Kloster Pielenhofen Urk. 103

König Ludwig der Bayer verbietet auf ewige Zeiten, dass die von seinen Leuten wegen Ausschreitungen gegen die Kirche zerstörte Burg Löweneck wieder aufgebaut wird.

1316 März 3

> *Wir Ludowich von gotes gnaden römischer künich ze allen zeiten merer des riches thun chunt allen den, die disen brieff ansehent oder horent, lesent. Wanne uns und das riche angehört, gots dienst und geistliche leute, die in seinem dienste alle zeiten erschinent, alle wege ze furderen, und die sinder abe ze tůn, die sie an dem gots dienste gehinderen mugen, da von wellen wir und bestetigen mit unser und des riches gewalt, das die veste ze Leweneche, die wir gebrochen haben, die gelegen was ober dem closter ze Pulhenhoven, nimmer mer ewichlichen wieder gepawet werde oder gemachet, und daz wir nicht liden wellen noch erlauben wellen bei unsern gnaden, der chindern wie auch unsern nachchumen mit disem briefe. Wer auch dawider thete, der sol unser und des riches hulde immer mer verloren haben. Und ze urchunde der vorgenanten unser bestetigung geben wir diesen brieff mit unserem insigel versigelt. Der ist geben in dem besaezze vor herrieden des driethen nach dem merzzen sůntag da man zalt von christes geburt dreizehenhundert jar darnach in dem sechzehenten jare in dem andern jare unsers riches.*

Die Urkunde ist im Original erhalten innerhalb des Bestandes des Klosters Pielenhofen. Das kleinformatige Pergamentdiplom spricht selber nicht von einem Privileg, sondern nur von *brieff*. Die Bezeichnung passt für die Form und den Inhalt gleichermaßen. Auch der Gebrauch der deutschen Sprache verweist auf die mindere Gewichtigkeit. Die Schrift ist eine sehr saubere typische Urkundenschrift der Zeit. Außer den zwei ebenfalls sehr einfach gestalteten Eingangsinitialen fehlen alle Zierelemente; selbst die heiligen Namen *(nomina sacra)* werden in der üblichen Kurrentschrift mit Minuskeln wiedergegeben. Der Schriftsatz war besiegelt, wie neben der verbalen Siegelankündigung der Einschnitt in der Plica belegt; das Siegel selber ist verlorengegangen.

Mehrere der typischen Bestandteile des Diktats der Königsurkunde fehlen. Das gilt vor allem für das stark gekürzte Protokoll und das Eschatokoll. Die Verfügung des Königs wird auf zwei Sätze zusammengedrängt. Zur Begründung seiner Aktion verweist die Narratio in aller Kürze und sehr allgemein auf die Ausschreitungen des Löweneckers gegen die Nonnen: *die sie an dem gots dienste gehinderen mugen.* Die Zerstörung der Burg dieses Sünders sei die notwendige Folge für die bereits abgeschlossene kleine Operation gewesen: *die wir gebrochen haben.* Die eigentliche Verfügung des Monarchen spricht die Dispositio im Verbot des Wiederaufbaues aus: *das die veste ... nimmer mer ewichlichen wieder gepawet werde oder gemachet.* Der Gewaltakt des wittelsbachischen Königs markiert den Endpunkt der Burg Löweneck. Das nunmehrige Reichsoberhaupt bekräftigte den geschaffenen Istzustand mit einem zwar formal einfach gestalteten, aber dennoch hochwertigen Schriftdokument. Er befestige die geschaffenen Fakten mit einem Königsprivileg[104]; der Schreiber in der Reichskanzlei ist bekannt[105]. Dieses bestätigte am 3. März 1316 die bereits erfolgte und soeben abgeschlossene Schleifung der Befestigungsanlage; damit wurden die geschaffenen Verhältnisse auf Dauer festgeschrieben.

Das einzige im Zusammenhang mit den Rittern von Löweneck ausgestellte Königsdiplom sichert, dass es die Mannen des Königs waren, die das seit Jahren ins Auge gefasste Vorhaben schließlich durchgesetzt und ausgeführt haben. Bezüglich des Zeitpunktes wird ausdrücklich von der soeben gebrochenen Burg Löweneck gesprochen. Nachgewiesene Brandspuren und sichtbare Zerstörungshorizonte bestätigen die Richtigkeit der Angaben der Urkunde am archäologischen Befund[106]. Der mehr lokale, aber dennoch mit bemerkenswerter Gewalt verbundene Vorgang ist der aktuellen Literatur zu Ludwig dem Bayern unbekannt[107].

Der politische Rahmen

Der König wurde zu diesem entscheidenden Schlag gegen einen eigenen Lehensmann durch seine Überzeugung veranlasst, dass er vor allem als nunmehriges Reichsoberhaupt zum Schutz bedrohter Einrichtungen der Kirche verpflichtet sei. Zur Begründung wird in der obigen Urkunde zwei Mal ausdrücklich auf das Reichsrecht Bezug genommen. Ludwig IV. hat die Aufgabe des Kirchenschutzes ein Leben lang immer sehr ernst genommen. Sie erhielt durch die aktuellen Vorfälle hier besondere Dringlichkeit. Er war entschlossen, den langwierigen Übegriffen der Ortspotentaten auf die Zisterzienserinnen zu Pielenhofen ein Ende zu setzen. Die junge klösterliche Gründung stand dem adeligen Herrschaftsaufbau im Wege. Derartige rivalitätsbedingte Auseinandersetzungen füllten das Landleben allenthalben. Welche Ausmaße sie annehmen konnten, zeigte der vergleichende Blick in das benachbarte Kloster der Dominikanerinnen zu Pettendorf, wo das Rittergeschlecht eine für die Herzogsfamilie wegen der Pflege der *memoria* wichtige Gründung kurz vorher in Schutt und Asche gelegt hatte[108]. Ähnliche Repressionen sind für das Nachbarkloster zu Pielenhofen zwar nicht ausdrücklich bezeugt, waren aber jederzeit zu befürchten. Entsprechende Ängste sind aus den Klagen der Priorin und des Konventes von Pielenhofen in der Herzogsurkunde von 1309 zwingend abzuleiten und werden in der Königsurkunde von 1316 in sehr knapper, allgemeiner Formulierung erneut angesprochen. Das harte Vorgehen des Burgherrn gegen die machtlosen Frauenklöster der nächsten Umgebung schuf andauernde Befürchtungen und Unruhe. Diese veranlassten den König als Beschützer der Kirche und der Klöster zum Eingreifen. Da die Ritter in gleicher Weise auf den Verkehrswegen des Umlandes für Unruhe und Gefahr sorgten, waren auch hier Ordnungsmaßnahmen erforderlich. Der Rechtsgrund für das Vorgehen des Reichsoberhauptes war schwerer Landfriedensbruch über Jahre hinweg[109].

Das Vorgehen der Landesherrschaft zerfällt in zwei Etappen. Auf den Erlass mehrerer Rechtsverfügungen folgte der finale Militärschlag. Er wurde durchgeführt, als Ludwig IV. nach erfolgter Königswahl im Oktober 1314 ernsthafte Schritte zur Durchsetzung seiner Herrschaftsansprüche unternahm. Die Jahre von der Königswahl 1314 bis zum Entscheidungskampf bei Mühldorf von 1322 waren ausgefüllt mit der Abrechnung mit den Gegnern. Diese Bemühungen erhielten einen Schwerpunkt in der Oberpfalz, wo die Herrschaftsinteressen der sich nun wieder bekriegenden Brüder ineinandergriffen. Mehrere Orte wurden in den Thronkämpfen zerstört. Eines der frühen Opfer wurde auch Burg Löweneck im Februar/März 1316, als König Ludwig wieder aus den Rheinlanden in den Donauraum zurückgekehrt war.

Die Tatsache, dass die kleine, aufstrebende Adelsherrschaft sofort in die Abrechnung einbezogen wurde, verlangt Erklärung. Für den definitiven Zugriff sind mehrere Anstöße denkbar. Hatte der Löwenecker vielleicht zugunsten des Habsburger Konkurrenten Friedrich des Schönen Partei ergriffen? Dafür gibt es wohl in diese Richtung weisende Indizien, aber keine überzeugenden Anhaltspunkte[110]. Oder stand er auf der Seite des wittelsbachischen Rivalen Rudolf I., der auch nach dem Vertrag von 1310 weiterhin gegen den Bruder agierte und nun die Entscheidung im Bruderkampf suchte? Das wird vereinzelt angenommen[111]. Tatsächlich war die Burg Parsberg unmittelbar in die Auseinandersetzung einbezogen: Das galt auch für den Burgort Parsberg, der vorübergehend mit Rudolf I. sympathisierte und erst später sich mit dem nunmehrigen König Ludwig IV. aussöhnte. Pfalzgraf Rudolf stellte 1315 eine Urkunde aus, mit der er Verzicht auf alle pfalzgräflichen Zuständigkeiten in Etterzhausen (einschließlich der Herrschaftspunkte Deckelstein und Ebenwies) zugunsten Dietrichs von Parsberg leisten musste; die Verfügung bedeutete mit der weiteren Stärkung des Parsbergers zugleich eine Schwächung des Löweneck-Ritters, der endgültig aus der Gegend verdrängt wurde[112]. Entsprechendes galt für den 1305 durch Belehnung erworbenen Nachbarmarkt Hemau, der ebenfalls an die Parsberger verpfändet werden musste, freilich in diesem Zusammenhang seinen Stadtstatus entscheidend vorantreiben konnte[113].

Oder aber hat der harte Zugriff vielleicht auch mit dem Treffen bei Gammelsdorf am 9. November 1313 zu tun? Dazu gibt eine andere Verfügung König Ludwigs Anlass, in der er den Kaufakt von 1312 ausweitete und im Nachgang zwei Jahre später am 2. Juli 1314 auch den Taxölderner Anteil an den Parsberger übertrug[114]. Damit vereinigte der wirkungsvolle Unterstützer des Wittelsbachers vor Gammelsdorf die zwei Teile des Kaufgeschäfts der beiden Wittelsbachergünstlinge von 1312 in seinen Händen.

Wichtig ist die in der einschlägigen Urkunde vorgetragene Begründung, dass der Parsberger sich in der Schlacht bei Gammelsdorf besonders ausgezeichnet und dabei auch Verluste erlitten hatte. Dafür wurde er als enger Parteigänger des Königs mit mehreren Urkunden entschädigt. Der große Gewinner dieser Verschiebungen war somit Dietrich von Parsberg, der in eben diesen Wochen für die Beendigung seiner vorübergehenden Unterstützung Rudolfs I. belohnt wurde. Der große Verlierer war der Löwenecker. Darf aus dem mehrfachen Hinweis auf die Rolle des Parsbergers bei Gammelsdorf andererseits abgeleitet werden, dass der Löwenecker dem für den Aufstieg Ludwigs wichtigen Treffen ferngeblieben war? Es spricht manches für diesen Zusammenhang. Es kann gut sein, dass der König aus diesem Grund so hart gegen den Ministerialen vorging, weil er seiner Lehenspflicht nicht nachgekommen war[115]. Tatsächlich begegnet der Name Löweneck in den Quellen und im Schrifttum über Gammelsdorf nicht[116]. Es ist denkbar, dass diese widrige Entscheidung das Fass zum Überlaufen brachte und als Funke wirkte, der die seit langem wegen der Klosterpolitik angestaute Verärgerung entzündete.

Es wirkten also mehrschichtige Überlegungen zusammen. Die Strafaktion des Königs war wirkungsvoll. Die Burg Löweneck wurde so gründlich zerstört, dass ihr Untergang von Dauer war. Das Neuaufbauverbot wurde durchgesetzt und eingehalten. Niemand wagte mehr eine Wiederherstellung. Doch bestand dafür auch kaum Veranlassung: Die Zeit der Burgen ging weiter dem Ende entgegen. Von einem Ritter von Löweneck ist in Zukunft nichts mehr zu hören. Das Geschlecht verschwindet aus den Quellen. Der durchsetzungsstarke König Ludwig IV. hat an diesem Ort mit einem aus mehreren Gründen in Missgunst gefallenen Lehensmann sehr radikal abgerechnet. Auf Burg Löweneck wurde *tabula rasa* gemacht. Er hat die dortige Ritterfamilie auf Dauer ausgeschaltet und deren Kleinherrschaft dem größeren Herrschaftsverbund der bewährten Herren auf der Nachbarburg Parsberg einverleibt. Dieses Geschlecht, zu dem ohnehin vielfältige Verbindungen bestanden, sollte auf lange Zeit der entscheidende Herrschaftsträger im Raum werden.

Entschädigung der Klöster

Sofort nach der Strafaktion machte sich der König an die Beseitigung der von seinem Ministerialen angerichteten Schäden. Dabei galt sein vorrangiges Interesse den beiden misshandelten Frauenkonventen. Das ranghöchste Mitglied der Wittelsbacherfamilie reklamierte gegenüber den mehreren Teilherzögen nun eindeutig die Position des Oberhaupts. Die Wiedergutmachung war ihm ein persönliches Anliegen. In diesem Sinne stellte er eine Reihe weiterer Königsprivilegien aus. Keines von diesen gehört zur Gruppe der Prunkurkunden, mit denen Ludwig IV. später in den Kaiserjahren sein sprunghaft angestiegenes Selbstverständnis auch administrativ zum Ausdruck brachte. Diese frühen Urkunden begnügen sich mit kleinen Formaten und sind paläographisch sehr einfach gestaltet. Deren Diktat ist kurzgehalten und weist – in deutscher Sprache – noch nicht die anspruchsvollen Formulierungen der Spätzeit auf. Die Bekräftigung erfolgt mit dem herkömmlichen Reitersiegel. Diese Klosterurkunden stehen formal noch immer in der Tradition der Herzogsdiplome und orientieren sich am administrativen Gebrauchsschrifttum.

Das von den Löweneckern schon früh bedrängte Kloster **Pettendorf** erhielt von König Ludwig IV. zur Wiedergutmachung insgesamt drei Königsprivilegien, die durchwegs ins erste Jahrzehnt der Königszeit gehören; in den späten Jahren hat der Monarch für den zwischenzeitlich stabilisierten Konvent nicht mehr geurkundet.

Am 19. Dezember 1316 – noch im Jahr der Zerstörung von Löweneck – gewährte König Ludwig IV. während eines Aufenthaltes in Regensburg Zollfreiheit für alle das Kloster betreffenden Wagenfuhren in den bedeutenden Wittelsbacherstädten Ingolstadt und Neustadt an der oberen Donau auf ewige Zeiten. Diese Anweisung war besonders für den dortigen Besitzkomplex des Klosters mit den Mittelpunkten Irnsing und Marching (beide Stadt Neuburg, Landkreis Kelheim) sowohl bezüglich der Zufuhren als auch des Absatzes der dortigen Produkte und somit für die Klosterwirtschaft von Bedeutung[117].

Am 19. Juli 1318 schenkte König Ludwig IV. das Patronatsrecht über die Pfarrei Berg (Landkreis Neumarkt i. d. OPf.) einschließlich

der zugehörigen Zehnten. Diese Verfügung verschaffte dem Konvent seine einzige auswärtige Inkorporationspfarrei und damit von dort regelmäßig fließende Einkünfte. Ein Problem stellte freilich die große Entfernung der Klosterpfarrei vom Stammhaus dar, die in herrschaftlichen Überlegungen begründet war[118].

Am 23./24. Januar 1323 beurkundete König Ludwig IV. den bereits im Jahr 1321 erfolgten Verkauf eines Bauernanwesens in Geiersberg (Markt Lappersdorf, Landkreis Regensburg) zu freiem Eigen, das bisher Wolf von Nabburg als bayerisches Lehen innegehabt hatte. Diese Urkunde verfügt eine wirtschaftliche Begünstigung des Konventes in den ortsnahen Forsten, von denen dieser für den damaligen Kirchenbau wirklich großen Nutzen zog[119].

Diese drei Königsprivilegien stellen die einzigen Diplome dar, die der geschädigte Dominikanerinnenkonvent von einem Oberhaupt

Abb. 9:
Stifterbildnis in der ehemaligen Dominikanerinnenklosterkirche Pettendorf
Fresko, 14. Jahrhundert; Foto: Landratsamt Regensburg

des Heiligen Römischen Reiches erhalten hat; kein anderer König oder gar Kaiser hat außerdem für ihn geurkundet. Der Sohn des Königs, Herzog Ludwig V., der Römer (1330 – 1365), hat am 13. Dezember 1355 eine summarische Bestätigung sämtlicher wittelsbachischer Privilegien ausgesprochen[120]. Der Konvent war sich dieser außergewöhnlichen Auszeichnung bewusst und hat den König deswegen in seiner in eben diesen Jahren errichteten Kirche zur malerischen Darstellung gebracht. Dem dortigen Stifterfresko kommt als Wittelsbacherbildnis herausragende kunstgeschichtliche Aussagekraft zu[121]. Es verleiht epochenübergreifend den wirkungsvollen Fördermaßnahmen des Herzogshauses und damit zugleich seinem ausgeprägten Sühnebedürfnis Ausdruck. Lange wurde Ludwig der Bayer – zu Unrecht – sogar als Gründer der Klosters Pettendorf angesehen[122]. In Wirklichkeit hat er dem Konvent nach existenzgefährdendem

Niedergang wieder aufgeholfen und die Grundlagen für den Weiterbestand bis zum Ausgang des Mittelalters gelegt.

Zu eben dieser Zeit ist König Ludwig der Bayer in gleicher Absicht mehrfach zugunsten des Klosters **Pielenhofen** tätig geworden. Er hat für die Zisterzienserinnen insgesamt vier Königsprivilegien ausgestellt. Bereits am 23. Juli 1318 erkannte er dem Konvent zwei große Privilegien zu. Eines festigte die Gerichtsrechte des Klosters[123], das andere erneuerte den umfassenden Königsschutz einschließlich der zugehörigen Personen und Besitzungen. Zugleich bestätigte er zur Zusammenfassung des damaligen Rechtszustandes sämtliche Königsurkunden seiner Vorgänger[124]. Gegen alle Anfeindungen wurde der Beistand des Reiches zugesichert. Königin Beatrix (um 1290 – 1322) hat diese Verfügungen am 27. August 1320 von ihrer Seite bestätigt und erneuert[125]. Offensichtlich bestand besonderer Bedarf an diesem sehr umfassenden Königsschutz. Die Bemühungen des Pfalzgrafen Rudolf I., den Konvent durch einen Gunsterweis in der Dauerrivalität der Brüder doch noch auf seine Seite zu ziehen, blieben erfolglos[126]. Der Konvent fühlte sich dem Monarchen für die mehreren Fördermaßnahmen sehr verpflichtet und unterstützte ihn 1325 in einer finanziellen Notlage mit einer Geldzuwendung, die ausdrücklich als freiwillige Leistung außerhalb aller Vogteipflichten gekennzeichnet wurde[127]. Der König förderte den Konvent noch in seinen späten Jahren mit zwei Güterübertragungen[128].

Freilich wurden die Zisterzienserinnen zu Pielenhofen mit diesen Begünstigungen noch immer nicht voll zufriedengestellt. Mit Blick auf die üblichen Freiheitsrechte des Ordens drängten sie auf weitergehende Veränderungen, um einer Wiederholung der früheren Bedrückungen einen endgültigen Riegel vorzuschieben. Dank des errungenen starken Rückhaltes beim Reichsoberhaupt setzten sie auch dieses Ziel durch. Schrittweise verzichteten die Herren von Parsberg als nunmehrige Burgherren auf ihren neuen Besitz in Löweneck. Letztlich hatten sie wenig Interesse an dem völlig am Rand ihres Herrschaftsbereiches gelegenen Stützpunkt. Ihnen lag mehr als am Objekt an den rechtlichen Zuständigkeiten, die sie nicht aus der Hand geben wollten. In diesem Sinne erreichten die Nonnen schon bald den Kompromiss, dass das Burggut einschließlich des Weilers Penk mit der Wehrkirche 1321 wirklich an ihr Kloster Pielenhofen übertragen wurde. Zwei Jahre später 1323 konnte dieses für 345 Pfund Regensburger Pfennige von den Parsbergern auch den Ruinenkomplex käuflich erwerben. Zur Aufbringung der Kaufsumme mussten die Nonnen einen Kredit aufnehmen[129]. 1324 sprach Dietrich von Parsberg noch einmal den Verzicht auf sämtliche Besitzansprüche einschließlich des Dorfes Penk aus und sagte Entsprechendes für alle Aktivitäten in dieser Angelegenheit zu[130].

Die von den Rittern arg bedrängten zwei Frauenklöster erhielten mit dieser rechtlichen und wirtschaftlichen Förderung wirkungsvolle Entschädigung für die erlittenen Bedrückungen, die ihnen den Weg in eine gedeihlichere Zukunft ebnete. Alle diese Maßnahmen, die in einem Paket von Urkunden ihren rechtlichen Niederschlag fanden, gehören in den Vorgang der Abrechnung mit den Rittern von Löweneck.

Das Hochgericht

Die Löweneck-Urkunde von 1323 enthält einen Passus, der besondere Beachtung verdient. Ausgenommen wurden bei der damaligen Veränderung der Eigentumsverhältnisse die Hochgerichtsrechte mit dem Blutbann. Die Familie der Parsberger gab zwar den dinglichen Besitz aus der Hand, behauptete aber *deu grozzen gericht auf den selben gueten*. Davon war in den vorausgehenden Urkunden nie die Rede gewesen. Nicht einmal beim Verkaufsgeschäft des Jahres 1312 waren die rechtlichen Zuständigkeiten eigens angesprochen worden. Offensichtlich wurden sie als Attribute der Burgherrschaft betrachtet, die selbstverständlich zu den mit der Burg untrennbar verbundenen Rechten gehörten[131]. Der Vergleich dieser beiden Diplome macht die Bestimmung von 1323 zu einer Besonderheit, die der Erklärung bedarf.

Die Gerichtsbarkeit über Delikte, deren Bestrafung zum Tod führte (die sogenannte Blut- bzw. Malefizgerichtsbarkeit), war in der Rechtsordnung des Mittelalters den Grafen vorbehalten und wurde in deren Auftrag von Richtern ausgeübt. Im Fall dieser kleinen Adelsherrschaft lag die Kompetenz in der Hand eines Burgherrn. Das ist zwingend aus dem Vorbehalt der Urkunde von 1323 abzuleiten. Die hochgerichtlichen Kompetenzen bis hin zum Halsgericht gehörte im Burgbereich zu den Zuständigkeiten des Löweneckers. Sie waren ein wesentlicher Baustein seiner sehr weit gehenden Kompetenzen. Doch stießen sie nunmehr auf den Widerstand Ludwigs des Bayern. Zu seiner Zeit kamen die Bemühungen um die Bildung eines wittelsbachischen Landgerichtes allmählich in Gang. Ludwig der Bayer strebte eine Neuregelung an. In diesem Rahmen wurden die bisherigen Verhältnisse zum Problem. Nach der Zerstörung der Burg wurde die Malefizberichtsbarkeit von der Ruine abgetrennt. Während das Burggut an das Kloster Pielenhofen überging, verblieben die Hochgerichtsrechte bei den traditionellen und bisherigen Besitzern, den Herren von Parsberg. Im Auftrag der Landesherrschaft haben sie diese das gesamte späte Mittelalter über ausgeübt. Im Rahmen der weiteren Durchsetzung des Herzogsregiments und des von diesem in Angriff genommenen Aufbaus einer Landesverwaltung wurde in Bezug auf die Halsgerichtsbarkeit nunmehr neue Klarheit geschaffen. Der frühere Herrschaftsraum der Löwenecker wurde dem entstehenden Landgericht Parsberg einverleibt. Die Zerschlagung der Burgherrschaft Löweneck gehört in den Zusammenhang der Überführung der traditionellen Herrschaftsverhältnisse in neue Verwaltungsstrukturen.

In diesem Sinne ist die Urkunde von 1323 ein wichtiger Beleg für die Formel von den drei Fällen des bayerischen Strafrechts, die sich in der Zeit ausbildete und durchsetzte[132]. Die von den niedergerichtlichen Zuständen ausgenommenen und dem Hochgericht vorbehaltenen Strafbestände werden hier mit folgender Formulierung angesprochen: *über flizzent wunden und dief, die auf den tod gent*[133]. Damit werden nur zwei Delikte – freilich sehr pauschalierend ohne weitere Präzisierung – benannt: schwere Körperverletzung und Diebstahl. Das sonst übliche dritte Delikt der Vergewaltigung (*notnunft*) wird nicht erwähnt. Diese Reservatrechte blieben im Raum um den Verkehrsknoten Etterzhausen weiterhin in der Verfügung der bisherigen Inhaber: der Herren von Parsberg; sie wurden in der Folge – in landesherrlichem Auftrag – gezielt ausgebaut und bis 1589 behauptet.

Das war ein kleines Element beim Aufbau der wittelsbachischen Landesverwaltung. Noch bei der Einrichtung der Landgerichte in pfalz-neuburgischer Zeit wurde der Verwaltungsbezirk Parsberg, Lupburg und Etterzhausen benannt und dabei das Hochgericht als wesentliches Attribut eigens angesprochen[134]. Das Burggut der Ritter von Löweneck aber blieb trotz vielfacher Anfechtungen im Laufe der folgenden Jahrhunderte bis zur Säkularisation im Besitz der Zisterzienserinnen von Pielenhofen und bildete einen wesentlichen Baustein ihrer Klostergrundherrschaft. Unter Ludwig dem Bayern wurden die Verfassungsstrukturen geschaffen, die auf Jahrhunderte hin Bestand haben sollten.

Herrschaftliche Neuordnung

Insgesamt bietet der Blick auf die Burg Löweneck und das auf ihr ansässige Rittergeschlecht ein sehr bezeichnendes Beispiel für die Funktion der Burgen und des Kleinadels in der Herrschaftswelt des Hoch- und Spätmittelalters. Sie lässt sich gerade im Kernraum um Regensburg bestens verdeutlichen[135]. Burg Löweneck wurde für kurze Zeit in einer konkreten Phase ein wichtiger Stützpunkt wittelsbachischer Territorialpolitik. Nahziel war ihr Beitrag zu einer Kette von Stützpunkten rund um die werdende Reichsstadt mit deutlichem Übergewicht in der nördlichen Hälfte des Ringes. Übergeordnetes Ziel war die Kontrolle und Sicherung der mehreren vom Zentralort Regensburg ausgehenden Verkehrswege in Richtung Norden und Nordwesten in die Kernzonen des Heiligen Römischen Reiches.

Die Wittelsbacher haben die Ziele ihrer Herrschaftspolitik in dieser Kernregion des Herzogtums nicht erreicht. Sie wurden stattdessen bald zum Rückzug aus diesem Raum veranlasst und überließen einen beträchtlichen Landesteil der pfälzischen Linie. Das sehr energische Vorgehen Ludwigs des Bayern gegen die Herrschaft Löweneck darf auch in diesen größeren Zusammenhang ihrer Territorialpolitik hineingestellt werden. König Ludwig IV. handelte hier vielleicht schon im weitsichtigen Vorgriff auf den nächsten Entwicklungsschritt in diesem Raum. Wenige Jahre später verfügte er am

4. August 1329 im Hausvertrag von Pavia völlig neue Regelungen für das Herrschaftsleben im Norden der Donau. Er zog sich daraus zurück und übergab das Gebiet den Nachkommen seines zwischenzeitlich abgetretenen Bruders und Konkurrenten, somit der pfälzischen Linie. Auf Burg Löweneck wurde wenige Jahre vorher eine punktuelle Maßnahme getroffen, die auf diesen Markstein der weiteren Verfassungsentwicklung vorauswies. Wie die Reichsstadt Regensburg ging das Fürstentum der Oberen Pfalz von da an auf Jahrhunderte hin eigene Wege. Das wichtige Durchgangs- und Verbindungsland des Donaubogens büßte seine bisherige Mittelpunkt- und Scharnierfunktion ein. Der Schwerpunkt der Landesherrschaft wurde im Zug künftiger Zentralisierung aus dem Donauraum deutlich nach Süden verschoben; der neue Mittelpunkt wurde in München aufgebaut. In diesem Vorgang ist die Schleifung der Burg Löweneck ein kleiner und früher Baustein, der die Neuorientierung andeutet und den künftigen Weg weist.

Der Herrschaftspunkt Löweneck verlor nach nur vier Jahrzehnten seine kurzlebige Wichtigkeit im Herrschaftsgefüge der Wittelsbacher. Mit ihm entschwanden die Klöster Pettendorf und Pielenhofen aus dem Blickfeld der Landesherren; sie rückten an den Rand. Vor allem ersteres geriet innerhalb der Reihe der Wittelsbacherklöster geradezu in Vergessenheit. Eine weitere unumgängliche Folge war, dass die Burg Löweneck langfristig zur Bauruine verfiel. Schon 1324 ist nur mehr vom *purchkstal datz Lebenek* die Rede[136]. Das war der Anfang des Niedergangs, an dessen Ende die kümmerlichen Überreste des Burgstalls der Gegenwart stehen.

Das Burgdorf Penk

Engstens mit der Burg Löweneck verbunden war die Ortschaft Penk. Sie liegt zu Füßen der Veste in einer Entfernung von einem halben Kilometer unmittelbar am Ufer der Naab[137]. Hier treten die rechtsseitigen Berghügel vom Flusslauf zurück und bieten in der Ausbuchtung der sogenannten Penker Senke Platz für eine kleine Ansiedlung, die lediglich durch den Verlauf der Straße vom Fluss getrennt wird. Die Burg Löweneck und der Weiler Penk gehörten, ungeachtet der unterschiedlichen Toponyme, zusammen. Auf den Bauernhöfen in der Dorfsiedlung hatten die Burgmannen die Versorgung der Höhenburg zu gewährleisten. Infolge der natürlichen Gegebenheiten mussten in diesem Fall die beiden Siedlungselemente getrennt werden. Die Beengtheit auf dem Burgberg bot nur Raum für den zur Nahversorgung mit Holz und zur Jagd benötigten herrschaftlichen Forst, nicht dagegen auch für die erforderlichen Versorgungsbetriebe. Die Bauhöfe wurden an nächster geeigneter Stelle positioniert, die durch die notwendigen Ackergründe vorgegeben war. Die Zusammengehörigkeit spiegelt sich auch in den Quellen wider. Vielsagend setzen die Namenbelege für den Ort im Zusammenhang mit der Burg ein. Die Erstnennung stammt ebenfalls aus dem Jahr 1277 und lautet: *Penche*[138]. Die Belegreihe folgt zunächst deckungsgleich den Löweneck-Urkunden.

Das Dorf Penk ist aber mit Sicherheit älter als die Burg Löweneck[139]; darauf deutet schon der eigene Ortsname hin. Der kleine Weiler verdichtete die bereits bestehende Kette von Altsiedlungen aus der bajuwarischen Frühzeit an der unteren Naab zwischen Kallmünz und Regensburg mit den Grundwörtern *-hofen* (Heitzenhofen, Pielenhofen, Waltenhofen) und *-hausen* (Krachenhausen, Distelhausen, Etterzhausen)[140]. Penk gehört wohl in eine jüngere Schicht von Ortsnamen, die aber gewiss auch über die Jahrtausendwende zurückreicht. Dieser sprachgeschichtliche Zeitansatz ist in Verbindung mit der im folgenden Abschnitt zu behandelnden Baugeschichte der Kirche zu bringen. Von Anfang an müssen Dorf und Kirche zusammen gesehen werden; das eine bedingte das andere.

Schwierigkeiten bereitet die Deutung des Toponyms. Bemerkenswerterweise wurde es bei den bisherigen Bemühungen an entscheidender Stelle umgangen. Sowohl Ernst Schwarz[141] als auch Wolf-Armin Frhr. von Reitzenstein[142] berücksichtigen es nicht. In Bayern und Österreich gibt es insgesamt sieben Orte dieses Namens. Die historische Ortsnamenforschung bringt ihn in Zusammenhang mit dem althochdeutschen Substantiv *panck* = mittelhochdeutsch *banc*, das im neuhochdeutschen „Bank" weiterlebt. Der historische Sprachgebrauch schließt zusätzlich zum modernen Verständnis als Sitzgelegenheit den Hinweis auf eine Flussbank und somit eine Ebene mit Feldern an einem Flusslauf ein[143]. Diese Erklärung lehnt sich an die durch Umlautbildung herbeigeführte Dialektaussprache an und stimmt hier mit den geographischen Gegebenheiten gut überein. Deswegen kann sie hohe Plausibilität beanspruchen. Penk ist die in einer Ebene an einem Fluss gelegene bäuerlich wirtschaftende Ansiedlung. Dem Vorschlag, den Ortsnamen mit der Gerichtsbank der frühen Herrschaftsträger in Verbindung zu bringen, kommt weniger Wahrscheinlichkeit zu. Die Zusammenschau mit den parallelen Toponymen, für die diese örtlichen Gegebenheiten keine Gültigkeit haben können, verleiht der für den Einzelfall meist zutreffenden Erklärung der Sprachwissenschaft erhöhte Plausibilität. Der Ortsname muss zusammen mit den Parallelbelegen gedeutet werden.

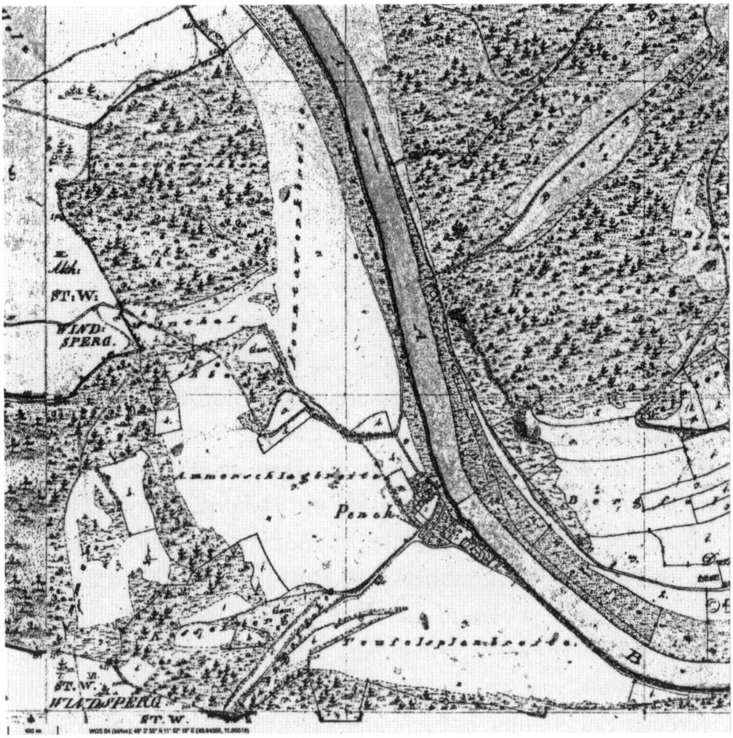

Abb. 10:
Urkataster von Penk, 1832
Bayerisches Landesamt für Digitalisierung, Breitband und Vermessung

Die Siedlung umfasste immer nur wenige Bauernhöfe. Angesichts der natürlichen Gegebenheiten konnte sie nie über die Größe eines Weilers mit fünf Anwesen hinauswachsen. Dafür boten die geographischen Voraussetzungen in der Talsohle auch kaum Möglichkeiten. Die dortigen Bauernhöfe waren im Frühmittelalter den regionalen Herrschaftsträgern zugeordnet, die man am ehesten in den Donaugaugrafen und später den Burggrafen von Regensburg zu sehen hat. Auf diesem Wege scheint das Dorf im 12. Jahrhundert in die Zuständigkeit der Parsberger und über diese der Löwenecker gekommen zu sein. Letztere werden erstmals mit der Schenkung von zwei Grundstücken (*areae*) an das St. Katharinen-Spital zu Regensburg 1277 als Landbesitzer am Ort fassbar. Zur gleichen Zeit gaben die Löwenecker eine Hofstätte an das junge Kloster Pielenhofen ab. Im Gegenzug erwerben sie vom Deutschordenshaus St. Ägidius ein Anwesen zunächst auf Zinsbasis und später zu vollem Eigen. Die Löwenecker waren der bedeutendste Grundherr in Penk, der allerdings für eine bemerkenswerte Fluktuation sorgte. Die Errichtung der Burg verlieh dem älteren Dorf spürbare Entwicklungsimpulse. Natürlich hält der moderne Weiler die Erinnerung an das frühere Niederadelsgeschlecht durch die Löweneckstraße wach.

Die auf den Bauhöfen wirtschaftenden Grundholden hatten die Versorgung der Burgbewohner mit den benötigten agrarischen Produkten zu gewährleisten. Diese Funktion wird in der Urkunde von 1309 ausdrücklich angesprochen. Hier ist die Rede vom Anspruch der Burgherrschaft *auf den Hof daz Penkken, da der perch zu gehört.* Er hatte *die purch auf leit Lewenekke mit Holz, Wasser, Fischwaiden* zu beliefern[144]. Ähnlich betont die Urkunde von 1324 die Zusammengehörigkeit von Burg Löweneck und Dorf Penk, *daz dar under gelegen ist und zwei vischwaid da selben* betreibt, wie es Dietrich von Parsberg dem Kloster Pielenhofen verkauft hat[145]. Offensichtlich lieferte die Zisterne auf dem Burgberg nicht genügend Wasser und erforderte Zulieferung. Es bestanden Fischrechte der Burgherrschaft in der Naab im Bereich des Dorfes.

Im Rahmen der Zerschlagung der Burgherrschaft wurden die zur Burg gehörigen Anwesen 1312 für wenige Jahre der Herrschaft Parsberg unterstellt. 1321 wurden sie der Grundherrschaft des Klosters Pielenhofen zugeführt. Aus den früheren Burgmannen wurden damit Klosterbauern. Der auf der Anhöhe gelegene Burgforst wurde Grundlage des gerade für den Zisterzienserorden wichtigen Stiftswaldes[146]. Diese Verhältnisse hatten über ein Jahrhundert Bestand. Im Jahr 1455 bemühte sich Christoph von Parsberg um den Rückerwerb des ihm als Erben zustehenden Besitzes von den Klosterfrauen; doch hatte er keinen Erfolg. Die Anwesen verblieben in der Zuständigkeit des Klosters Pielenhofen. Die mit der Burg ursprünglich verbundenen Hochgerichtsrechte verblieben weiterhin bis 1579 in der Zuständigkeit der Ritter von Parsberg[147].

Die Wehrkirche Penk

Das auffallendste Baudenkmal des Weilers Penk ist seine Kirche. Dementsprechend viel Beachtung erfährt es in der heimatkundlichen und kunstgeschichtlichen Literatur. Es gilt als einer der bemerkenswerten Sakralbauten der Romanik in der mehr von der Spätgotik und vor allem dem Barock geprägten Umgebung. Er konnte seine altertümliche Formensprache recht unverändert in unsere Gegenwart retten und spiegelt noch heute die Baukultur des Hochmittelalters in seltener Originalität wider.

Zum Zwecke der überfälligen Rettung des funktionslosen Kirchenbaus vor dem drohenden Verfall wurden in den jüngsten Jahren umfassende konservatorische Maßnahmen eingeleitet. Dazu wurden auch bauhistorische Untersuchungen angestellt. Deren Hauptergebnis ist die Neubewertung der Entstehungsgeschichte. Als Bauzeit wurde lange übereinstimmend das frühe 13. Jahrhundert angegeben. In Anlehnung an die Grobperiodisierung der Kunstgeschichte wurde der Ausgang der Romanik vor dem Anbruch der Frühgotik in Bayern in der ersten Hälfte des 13. Jahrhunderts (1200 bis 1250) genannt[148]. Nunmehr wird das Denkmal nicht mehr als einheitliches Bauwerk bewertet und die Entstehung in zwei unterschiedliche Zeitabschnitte zergliedert. Die Anfänge werden mit der Errichtung des

Langhauses in die ottonische Zeit des zehnten Jahrhunderts datiert. Dieser Bauteil macht das Architekturdenkmal zu einer der ältesten stehenden Landkirchen in Deutschland. Daran wurde an der Stelle der ursprünglichen Apsis zu späterer Zeit der quadratische Kirchturm angebaut: Die trennende Baufuge kann exakt fixiert werden.

Wie für das Dorf hatte die Errichtung der Burg für das Bauwerk entscheidende Veränderungen zur Folge. Das wichtigste Merkmal des Wechsels war die Anfügung des Turmkomplexes. Er hat im Verhältnis zum Langhaus auffallende Ausmaße und wurde in seiner Breite voll an das Kirchenschiff angepasst. Im Vergleich mit diesem wirkt er unverhältnismäßig groß und ist somit überproportional ausgefallen. Die Datierung wird unterschiedlich angegeben. Am überzeugendsten ist der Ansatz in die erste Hälfte des 13. Jahrhunderts. Die Bauaktivität passt gut mit der herrschaftlichen Entwicklung zusammen. Es geht nicht an, das Gotteshaus isoliert für sich allein unter Anwendung kunstgeschichtlicher Kriterien zu betrachten. Die Abschnitte der Entwicklung müssen mit der Herrschaftsgeschichte zusammengeführt werden.

Der Umbau steht in Verbindung mit einer Funktionsveränderung. Der Sakralbau nimmt nun ganz deutlich die Merkmale einer Wehrkirche an. Die Bautechnik wird bestimmt vom mächtigen Bruchsteinmauerwerk mit einer Dicke bis zu 80 cm und ausgeprägter Eckquaderung. Besonders kennzeichnend sind die mehreren schmalen Mauerschlitze, die auch die erst später eingebrochenen Fenster ersetzten. Sie dienten zugleich als Schießscharten und unterstreichen die Wehrfunktion, die jeden kirchlichen Zierat entbehrlich machte. Die ungegliederten Außenflächen bieten besonders günstige Voraussetzungen für die Verteidigung. Es spricht vieles dafür, dass die Chorturmkirche nun die Funktion einer Burgkapelle erfüllte, für die angesichts der beengten Verhältnisse auf dem Burgberg kein Platz war. Die Kirche diente als Burgkirche und Gotteshaus der Burgmannen zugleich. Angaben zum ursprünglichen Patrozinium liegen nicht vor.

Die zwei Phasen der Entstehung spiegeln wechselnde Aufgabenstellungen wider. Am Anfang steht die Funktion als Gotteshaus für die kleine Dorfgemeinschaft. Für eine weitergehende Aufgabe als

Abb. 11:
Wehrkirche Penk
(Wikimedia commons)

Mittelpunkt einer zunächst königlichen oder gräflichen, später bischöflichen Grundherrschaft fehlen überzeugende Anhaltspunkte[149]. Der dafür in Anspruch genommene ursprüngliche Königshof wird mit mehr Wahrscheinlichkeit im nahen Etterzhausen verortet[150].

Mit der Zerstörung der Burg wurde die Kirche zu Penk funktionslos. Der Weiler kam nach kurzem Interim unter den Parsbergern unter die Obhut des Klosters Pielenhofen. Erst jetzt wird das Patrozinium des heiligen Leonhard fassbar, das bis in die Gegenwart Gültigkeit hat. Es hat als Patron der Bauern und ihrer Tiere mehr Sinn als für eine Burg[151]. Nie war das Gotteshaus eine Pfarrkirche. Deswegen erfolgten in den folgenden Jahrhunderten keinerlei Um- oder

Ausbauten, auch keine eingreifenden Modernisierungsmaßnahmen. In den Visitationsberichten der frühen Neuzeit wird sie als funktionsloses Gotteshaus der Vollständigkeit halber höchstens nebenbei erwähnt. Der Visitationsbericht von 1508 führt sie als Filiale der Pfarrei Deuerling mit örtlichem Sepulturrecht auf[152]. Im Protokoll der Visitationen von 1526, 1559 und 1589/90 wird sie nicht berücksichtigt[153]. Da mit ihr weder seelsorgerliche Aufgaben noch regelmäßige Einkünfte verbunden waren, erschien sie bedeutungslos und nicht erwähnenswert. Für die jeweilige Pfarrei stellte sie eher eine Belastung dar. Die Bistumsmatrikel des Erzdechanten Gedeon Forster von 1665 weist bei der Aufnahme der *Capella S. Leonardi zu Penckh in der Hofmarch des Clossters Püelnhouen* an der entscheidenden Stelle eine Lücke auf; der genaue Rechtsstatus der Kirche blieb dem Protokollanten unbekannt[154]. Auch der Bistumsbeschrieb von 1723/24 verzeichnet lediglich die Zuordnung zur Pfarrei Deuerling und bietet keine weiteren Informationen[155]. Erst die Heckenstaller-Matrikel von 1783–1787 bemühte sich um genauere Angaben, musste aber dennoch entscheidende Punkte ebenfalls offenlassen[156].

Keine Epoche glaubte an diesem funktionslosen Gotteshaus Verschönerungen im Verständnis der jeweiligen Zeit anbringen zu müssen. Wegen des unterbleibenden Aufwandes ergab sich andererseits nie Anlass zum Abriss. Selbst die besonders gefährliche Zeit nach der Säkularisation hat das Bauwerk überstanden. Nur der Einsatzbereitschaft der Ortsbevölkerung ist der Erhalt des Sakralbaues ohne tiefere Eingriffe zu verdanken. Diese besonderen Umstände haben dazu geführt, dass die romanische Chorturmkirche ihren ursprünglichen Zustand im äußeren und auch weithin im inneren Erscheinungsbild in unsere Gegenwart bewahren konnte. Das Gotteshaus ist baulich kaum verändert und nie weiterentwickelt worden, nur wenige Ausstattungselemente haben in späterer Zeit Eingang gefunden. Das kunstgeschichtliche Kleinod ist in seiner beeindruckenden Urtümlichkeit in der ländlichen Kulturlandschaft ein echter Glücksfall! Es überliefert am ehesten und sehr unverfälscht die Erinnerung an das Bauwesen und die Denkweisen, somit die Lebensformen der Zeit um 1300. Die Wehrkirche ist der aussagekräftige Zeuge der Löweneckepoche in unserer Gegenwart.

Reminiszenzen der Neuzeit

Aus den folgenden Jahrhunderten der frühen Neuzeit gibt es naturgemäß nur mehr wenige Belege für Burg Löweneck. In diese Epoche gehören die einzigen bildlichen Zeugnisse. Wie in vielen anderen Fällen liefert das älteste Bilddokument Philipp Apian (1531–1589) auf seinen »Baierischen Landtafeln« von 1568. Sie verzeichnen am Unterlauf der Naab im Süden des Dorfes Penk noch immer die Ruine. Die verwendete Signatur steht mit dem tatsächlichen Baubefund sicher in keinem Zusammenhang und beruht nicht auf Autopsie, die sich kaum gelohnt hätte. Wegen der gering eingeschätzten Relevanz wurde sogar auf die namentliche Kennzeichnung durch eine Ortsangabe verzichtet[157]. Der Erläuterungstext zu den Landtafeln bietet dementsprechend zu dieser als weniger wichtig eingestuften Örtlichkeit keine verbale Erklärung[158]. Der Eintrag Apians wurde zur Grundlage für die identische Wiedergabe im 1578/79 angefertigten Kartenwerk des Petrus Weinerus († 1583)[159].

Mehr Beachtung brachten der Ruine die oberpfälzischen Kartographen Christophorus Vogel (1554–1608) und Matthäus Stang (1581/82–nach 1625) entgegen. Sie markierten in ihrer Landesaufnahme der pfalz-neuburgischen Lande unter Pfalzgraf Philipp Ludwig (1569–1614) auf den im Jahr 1598 gefertigten Teilkarten der

Abb. 12:
Philipp Apian, Baierische Landtafeln
BayHStA, Kartensammlung 183

Abb. 13:
Vogel – Stang, Topographia et Chronologia, 1598
BayHStA, Plansammlung 1130

Ämter Laaber und Hainsacker auf dem Nordgau den Standort des Burgstalls *Loneck* neben dem zugehörigen Weiler *Benck*[160]. Trotz eigener Geländeeinsicht ermöglicht aber auch ihr bauliches Symbol keine Rückschlüsse auf den tatsächlichen Baubefund. Die dem Kartenwerk beigegebene Beschreibung des Amtes Laaber bietet keine weiterführenden Hinweise zum Burgstall.

Diese Dokumente der frühen Landesaufnahme hielten zumindest die Erinnerung an die historische Stätte am Leben. Nachdem schon Matthäus Merian (1593 – 1650) in seiner »Topographia Bavariae« (Frankfurt 1644 u. ö.) die weiter verfallende Ruine nicht berücksichtigt hatte, nahm auch Michael Wening (1645 – 1718) in seiner 1726 in Druck erschienenen Neubearbeitung der Landesaufnahme[161] von ihr keine Notiz mehr.

Interesse an diesem Architektur- und Geländedenkmal weckte erst die in Deutschland aufkommende Mittelalterbegeisterung des frühen 19. Jahrhunderts wieder. Bereits im Eröffnungsband der »Verhandlungen« des 1831 ins Leben gerufenen Historischen Vereins für den Regenkreis verwies der sachkundige Patrimonialrichter Fortunatus Forster (1776 – 1867)[162] in Zusammenwirken mit seiner Schlossherrin zu Etterzhausen Julie von Zerzog, geb. Freiin von Thon-Dittmer (1799 – 1871)[163], auf den historischen Fixpunkt in unmittelbarer Nähe des Patrimonialgerichtssitzes. In einem eigenen Aufsatz erstattete er Bericht über die damals vorgefundenen obertägigen Überreste: „Noch 1804 sah man Mauern und eine Treppe." Er erwähnte einsetzende Raubgrabungen, bei denen ein Schatzgräber von der Polizei erschossen wurde[164]. Eine erste Beschreibung unter wissenschaftlichen Gesichtspunkten hat der Burgstall sodann in den »Kunstdenkmälern von Bayern« (1914)[165] erhalten. Er fand natürlich Aufnahme in das Amtliche Verzeichnis der Geländedenkmäler in Bayern (Nr. D-3-6937-0021). Da dennoch keinerlei Erhaltungsmaßnahmen ergriffen wurden, schritt der Verfall kontinuierlich voran und geht bis in unsere Tage weiter. Mit Ernüchterung stellt das Inventar der staatlichen Denkmälerverwaltung 1975 fest: Es „stehen noch bescheidene Reste."[166]

Somit ist in unserer Gegenwart nicht viel geblieben. Von dem für kurze Zeit wichtigen Herrschaftspunkt Löweneck selber sind nur unscheinbare Überreste in unsere Zeit gekommen. Sie verdienen erhalten zu werden. Sie verdienen zudem, durch eine sachgerechte Interpretation verständlich gemacht zu werden. Das ist das Ziel dieser kleinen Studie. Auch die wenigen Steine in unwegsamem Gelände „auf einsamer Waldeshöhe“[167] sind wissenswerte Zeugnisse des Mittelalters in Bayern. Sie lohnen als bemerkenswertes Monument einer vergangenen Kultur nach wie vor die Beachtung. Zurecht wird dieses neuerdings in die Wanderroute des »Burgensteiges« im unteren Naabtal eingebunden und damit einer breiteren Öffentlichkeit zumindest zur Kenntnis gebracht[168]. Sie betreffen gerade die Jahrzehnte, als zum ersten Mal ein Wittelsbacher den Königsthron im Heiligen Römischen Reich besetzte und damit einen der Höhepunkte der bayerischen Geschichte erreichte. Für ihn spielten die Ritter von Löweneck zwar nur am Rande, aber dennoch eine durchaus bemerkenswerte Rolle. Sie machen deutlich, dass das Herz des Herzogtums Bayern unter den frühen Wittelsbachern noch immer im Donaubogen schlug. Davon zeugt heutzutage nur noch eine unspektakuläre Ansammlung von Steinen in abseitigem Gelände; aber auch sie vermag eine Geschichte zu erzählen, die Beachtung verdient. Sie eröffnet Einblick in eine Welt, die immer mehr aus unserem Gesichtskreis zu entschwinden droht[169].

Anhang

Anmerkungen

1 Hans Patze (Hg.), Die Burgen im deutschen Sprachraum: Ihre rechts- und verfassungsgeschichtliche Bedeutung, 2 Bände (Vorträge und Forschungen 19), Sigmaringen 1976.

2 Günter Moser – Bernhard Setzwein – Mathias Conrad, Oberpfälzer Burgen, Amberg 2004; Daniel Burger, Festungen in Bayern, Regensburg 2008; Simon Süß, Burgen der Oberpfalz, Regensburg 2024.

3 Boos, Burgen; Burgen und Schlösser in und um Regensburg. Beiträge des 27. Regensburger Herbstsymposions für Kunst, Geschichte und Denkmalpflege 2012, hg. v. Eugen Trapp, Regensburg 2013.

4 Stroh, Geländedenkmale der Oberpfalz, S. 248.

5 Motyka, Der Landkreis Regensburg im Wandel der Zeiten, S. 55, 59, 61, 142, 194, 253; ders., Nittendorf, S. 7.

6 Spindler (Hg.), Handbuch der bayerischen Geschichte II, III.

7 Spindler (Hg.), Bayerischer Geschichtsatlas, S. 18f. Karte »Der Raum des heutigen Bayern um 1200«.

8 Handbuch der Historischen Stätten Deutschlands VII: Bayern, Bosl (Hg.), Kröners Taschenausgabe 277), Stuttgart [2]1965; Handbuch der Historischen Stätten Bayern I: Altbayern und Schwaben, hg. von Hans-Michael Körner und Alois Schmid unter Mitarbeit von Martin Ott (Kröners Taschenausgabe 324), Stuttgart 2006.

9 Wiguläus Hundt, Bayrisch Stammen-Buch, 2 Bände, Ingolstadt 1585/86.

10 Sigmund Riezler, Geschichte Baierns, 8 Bände (Geschichte der europäischen Staaten 20), Gotha 1878 – 1927; I, 2 Bände, Stuttgart [2]1927 [ND Aalen 1964] verzeichnet das Stichwort nicht.

11 Franz Tyroller, Genealogie des altbayerischen Adels im Hochmittelalter, in 51 genealogischen Tafeln mit Quellennachweisen, Göttingen 1962 – 1969. Derselbe hat seine umfangreichen Arbeitsunterlagen der Kommission für bayerische Landesgeschichte München hinterlassen. Auch dort finden sich keine Hinweise.

12 Wikipedia: »Liste bayerischer Adelsgeschlechter«. Grundlage: Johann Siebmachers Wappenbuch von 1605, München Sonderausgabe 1999.

13 Diethard Schmid, Regensburg I und II (HAB: Altbayern I 41 und 66), München 1976 – 2014; Alois Schmid, Regensburg: Reichsstadt – Fürstbischof – Reichsstifte – Herzogshof (HAB: Altbayern I 60), München 1995.

14 Koch – Wille, Regesten der Pfalzgrafen am Rhein I, S. 460: „Leoneck, Burg (wo?)".

15 Für die Neuzeit: Thomas Barth, Adelige Lebenswege im Alten Reich. Der Landadel der Oberpfalz im 18. Jahrhundert, Regensburg 2005.

16 Ried, Etterzhausen; Forster, Beschreibung von Etterzhausen, S. 191 – 195; Bavaria. Landes- und Volkskunde des Königreichs Bayern II: Oberpfalz und Regensburg, München 1863, S. 510; Hans Weininger, Löweneck bei Etterzhausen, in: Münchner Sonntagsblatt 6 (1865, Nr. 23; vgl. Hugo Graf von Walderdorff, Nekrolog Hans Weininger, in: VHVO 28, 1872, S. 397); Walderdorff, Regensburg in seiner Vergangenheit und Gegenwart, S. 629; Franz Hiltl, Beschreibung der Pfarrei Nittendorf, Stadtarchiv Regensburg, AHO MS O 452. Keine Hinweise bei Carl Theodor Gemeiner, Regensburgische Chronik, 4 Bände, Regensburg 1800 – 1824, neu hg. v. Heinz Angermeier, München [2]1987; Christian Gottlieb Gumpelzhaimer, Regensburg´s Geschichte, Sagen und Merkwürdigkeiten, 4 Bände, Regensburg 1830 – 1838 [ND Regensburg 1984].

17 Regesta Boica XIV, S. 235: Registerband s. v. Löweneck.

18 Boos, Burgen, S. 165 – 169 Nr. 19. Kurze Erwähnung: Tillmann, Burgen und Schlösser I, S. 612; Kible, Etterzhausen – Vergangenheit und Gegenwart, S. 233 – 236. Bernhard Ernst, Burgenbau in der südöstlichen Oberpfalz vom Frühmittelalter bis zur frühen

Neuzeit, 2 Bände, Büchenbach 2003 behandelt diese Burg wegen der Konzentration auf den Nachbarraum nicht.

19 S. Anm. 94.

20 Deswegen nur wenig ergiebige Ortsakten im BLfD München und Außenstelle Regensburg.

21 Armin Stroh, Bericht der vorgeschichtlichen Abteilung des Museums Regensburg, in: VHVO 97 (1956), S. 471 (Invent.-Nr. 1956 Nr. 29).

22 Boos, Burgen, S. 166, 168 Anm. 17.

23 Zum Straßensystem: Peter Schmid, Regensburg – Stadt der Könige und Herzöge, S. 18 – 30, bes. 20; Schwaiger, Etterzhausen, S. 17 – 23; Dietrich Jürgen Manske, Untersuchungen zu früh-, hochmittelalterlichen und frühneuzeitlichen Fernwegen von Regensburg nach Franken und an den Main. Ein Beitrag zur Kulturlandschaftsforschung, in: Tobias Appl – Georg Köglmeier (Hg.), Regensburg, Bayern und das Reich. Festschrift für Peter Schmid zum 65. Geburtstag, Regensburg 2010, S. 43 – 71, bes. 58 – 62 mit Kartenskizze S. 55. In größerem Rahmen: Tobias Appl – Alfred Wolfsteiner (Hg.), Auf alten Wegen durch die Oberpfalz (Beiträge zur Geschichte und Kultur der Oberpfalz 3), Regensburg 2022.

24 Boos, Burgen, S. 310f. Nr. 53.

25 Vgl. Anton Dollacker, Altstraßen der mittleren Oberpfalz, in: VHVO 88 (1938), S. 167 – 186, hier 182 Nr. 82.

26 S. Anm. 98, 99. Vgl. Kible, Etterzhausen – Vergangenheit und Gegenwart, S. 128 – 132.

27 Wikipedia, Mapcarta: »Ehemailiger Wachturm der Burg Löweneck«. Kible, Etterzhausen – Vergangenheit und Gegenwart, S. 27: „Den Rittern der Burg Löweneck diente sie bestimmt als Ausweiche oder Verlies". Kunstdenkmäler von Bayern: Stadtamhof, bearb. von Karlinger, Hager und Lill, S. 75: „mit Sicherheit nicht mehr zu bestimmen". Keine Berücksichtigung bei Boos, Burgen, S. 165 – 169.

28 S. Abb. 13; Frank – Paulus, Die pfalz-neuburgische Landesaufnahme, S. 106 Anm. 167.

29 In diesem Sinne auch: Kible, Etterzhausen, S. 26: „Das alte Haus war demnach vor dem Bau der Burg … erster Herrschaftssitz … und somit auch älter als die Burg", 325; Schwaiger, Etterzhausen, S. 21f.

30 Kible, Etterzhausen – Vergangenheit und Gegenwart, S. 235f.; Wikipedia: »Sagen und Legenden rund um Regensburg«.

31 Das Urkataster überliefert den Flurnamen „Teufelsplanbreite". S. auch Abb. 10.

32 Schnelbögl, Burgennamen. Weiterhin Schwarz, Die namenkundlichen Grundlagen, S. 50; Reitzenstein, Burgnamen.

33 Schnelbögl, Burgennamen, S. 212.

34 Wilhelm Volkert, Die Bilder in den Wappen der Wittelsbacher, in: Glaser (Hg.), Die Zeit der frühen Herzöge I, S. 13 – 28, hier 14 – 17. Allgemein: Christian Hünemörder u. a., Löwe, in: Lexikon des Mittelalters V, München-Zürich 1991, Sp. 2141 – 2142.

35 Schnelbögl, Burgennamen, S. 218f.; Tillmann, Burgen und Schlösser I, S. 611f.

36 Heute Levico Terme, Region Trentino-Südtirol, Autonome Provinz Trento.

37 Anton Schimon, Der Adel von Böhmen, Mähren und Schlesien. Ein alphabetisch geordnetes Verzeichnis, Böhmisch Leipa 1850, S. 94.

38 Margit Auer, Trubel auf Burg Drachenstein. Vorlesegeschichten, Ravensburg 2014.

39 Tillmann, Burgen und Schlösser I, S. 612. Kein weiterer Beleg einer derartigen Ortsnamenbildung bei: Reitzenstein, Lexikon bayerischer Ortsnamen und ders., Burgnamen in Bayern (S. 221: Hinweis auf Löweneck).

40 SpAR, Urk. 88: An Pergamentstreifen anhängendes dreieckiges sprechendes Schildsiegel. Versuch einer Umzeichnung: Kible, Etterzhausen – Vergangenheit und Gegenwart, S. 54.

41 StAAu, Kloster Pielenhofen Urk. 34. Vgl. Eder, Pielenhofen, S. 119f. Nr. 49.

42 StAAu, Kloster Pettendorf Urk. 34. Vgl. Janka, Regesten Pettendorf, S. 46f. Nr. 36.

43 Karl Heinrich Ritter von Lang, Über die Fabel von des Grafen Babo von Abensberg dreissig Söhnen, München 1813; Karl Heinrich Ritter von Lang – Roman Zirngibl, Rede und Antwort wider und für das historische Daseyn des Babo von Abensberg und seiner dreißig Söhne, München 1814; Joseph Ernst Ritter von Koch-Sternfeld, Die altgefeyerte Dynastie des Babo von Abensberg in ihrer Abkunft, Verzweigung und Gesammtgenossenschaft in Bayern und Oesterreich, Regensburg 1857; Peter Dollinger – Nicolaus Stark, Die Grafen und Reichsfreiherren von Abensberg, in: VHVN 14 (1869), S. 1 – 234, hier 9 – 19.

44 Joseph Anton Aettenkhover, Kurzgefaßte Geschichte der Herzoge von Bayern von Herzog Otto dem Großen an bis auf gegenwärtige Zeiten, Regensburg 1767, S. 191: Babo von Etterzhausen; Forster, Beschreibung von Etterzhausen, S. 179, 191; Kunstdenkmäler von Bayern: Stadtamhof, bearb. von Karlinger, Hager und Lill, S. 73; Kible, Etterzhausen – Vergangenheit und Gegenwart, S. 53, 230 (a. a. 1261). Zur Erfindung des Babo von Etterzhausen: Tatjana Kühnast – Wolfgang Janka, Eidrateshusa – Etterzhausen oder Adertshausen?, in: VHVO 163 (2023), S. 9 – 19, hier 15f. Ich danke Dr. Wolfgang Janka (München) herzlich für wertvolle Hilfestellung.

45 Forster, Beschreibung von Etterzhausen, S. 191; Eder, Pielenhofen, S. 22.

46 Forster, Beschreibung von Etterzhausen, S. 191f. Anm.

47 Franz Michael Wittmann, Schenkungsbuch des Klosters St. Emmeram, in: Quellen und Erörterungen zur bayerischen und deutschen Geschichte I, München 1856, S. 124 Nr. CCXLI; Josef Widemann (Bearb.), Die Traditionen des Hochstifts Regensburg und des Klosters S. Emmeram (Quellen und Erörterungen zur bayerischen Geschichte NF 8), München 1943, S. 459 Nr. 927 (1179); 467 Nr. 936 (1180). Vgl. Eder, Pielenhofen, S. 22.

48 Ein Gebäudeteil des Alten Hofes in München trug die Bezeichnung Löweneckhaus: Domenico Quaglio (1786 – 1837), Alten Hofs Gebäude, erbaut 1837. Von der Burggasse aus links vorn das alte Haus, genannt Sonneneck, dem gegenüber das Löweneckhaus unmittelbar am Thorturm des Alten Hofs, Kupferstich München (bei Zeller) 1811.

49 Die bekannte Löweneckschule in Augsburg-Oberhausen, eine Grund- und Mittelschule, ist nach dem verdienstvollen Augsburger Stadtschulrat Dr. Maximilian Josef Löweneck (1866 – 1957) benannt. – Entsprechendes gilt für Anton Löweneck, der in der 20. Wahlperiode des Königreiches (1907 – 1911) Mitglied des Bayerischen Landtages war. Auch das Ferienhaus Löweneck in Bayrischzell (Landkreis Miesbach) hat seinen Namen ohne jeden Bezug zur historischen Burg gewählt.

50 Mages, HAB Kelheim, S. 235 Anm. 431 mit Hinweis auf Vorarbeiten von Dieter Schwaiger. S. Anm. 65.

51 Regesta Boica V, S. 161; Eder, Pielenhofen, S. 120f. Nr. 50.

52 Eckard Fruhmann, 800 Jahre Parsberger Ritter und ihre Nachfahren. Spuren in Bayern und Europa, Parsberg (Selbstverlag) 2019, S. 32, 41, 44; ders., Die Freiherrn von und zu Parsberg: Neue Funde, Einschätzungen, Ergänzungen, Parsberg (Selbstverlag) 2022, S. 37 – 40.

53 Regesta Boica V, S. 227: Herr Eckart als Spitzenzeuge sogar vor Dietrich von Parsberg (16. Mai 1312) bei einem Rechtsgeschäft.

54 SpAR, Urk. 88; eine Zweitausfertigung: BayHStA, Regensburg St. Katharina Urk. 6. Kopie von Thomas Ried: StdtAR, AHO MS O 789, fol. 14. Vgl. Forster, Beschreibung von Etterzhausen, S. 191.

55 Die Transkription und diplomatische Beschreibung aus: Dauer, Die älteren Urkunden des St. Katharinenspitals, S. 73 – 75.

56 Die Spitalkirche zu Regensburg – Mausoleum der Zant: Geschichte – Bauforschung – Inschriften, hg. v. Artur Dirmeier – Wido Wittenzellner, Regensburg 2000.

57 Regesta Boica IV, S. 765 (1271). Vgl. Ferdinand Janner, Geschichte der Bischöfe von Regensburg II, Regensburg 1884, S. 515f.

58 Paul Mai, Bischof Leo Tundorfer, in: Beiträge zur Geschichte des Bistums Regensburg 10 (1976), S. 69–95, hier 91.

59 Die Urkunde (Pergament, 25 cm x 16,5 cm): Archiv des Klosters Heilig Kreuz, Regensburg, Schublade Sanding (freundliche Auskunft des Klosters, 30. Juli 2024). Es liegt eine Sicherheitsverfilmung des BayHStA Nr. 22 vor. Abschrift: Thomas Ried, Codex chronologico-diplomaticus episcopatus Ratisbonensis III, Manuskript in der StBR, IM Rat. ep. 165 Bd. 1 Mappe 88, fol. 11r-12r Nr. 407. Druck: Wilhelm Schratz, Urkunden und Regesten zur Geschichte des Nonnenklosters zum hl. Kreuz in Regensburg, in: VHVO 41 (1887), S. 155f. Nr. 526. Wegen des Überlieferungsortes keine Berücksichtigung in den Regesta Boica IV, S. 770f.

60 StAAu, Kloster Pielenhofen Urk. 34; Regest: Regesta Boica IV, S. 66; Eder, Pielenhofen, S. 10, 21f., 106 Nr. 24, 119f. Nr. 49.

61 Eder, Pielenhofen, S. 60.

62 BayHStA, Deutschordenskommende Regensburg Urk. 46 = früher Ritterorden Urk. 4902. Ungedruckt. Regesten: Regesta Boica IV, S. 779; Matthias Thiel (Bearb.), Die Urkunden des Kollegiatstifts St. Johann in Regensburg bis zum Jahr 1400 (Quellen und Erörterungen zur bayerischen Geschichte NF 28/1), München 1975, S. 98f. Nr. 62; Sprinkart, Urkundenwesen, S. 456 Nr. 374.

63 Abb. bei Thiel (Bearb.), St. Johann, Tafel V Nr. 19 (stark beschädigt, Wappenbild nicht mehr erkennbar). Ebenda S. 246f. Nr. 181 und 248f. Nr. 183 zu seiner Tätigkeit als Pfarrer in Wallersdorf.

64 Zum Vorgang: Peter Schmid, Mariaort. Der Weg eines kleinen Dorfes durch die Jahrhunderte, in: Gemeinde Pettendorf – Geschichte und Gegenwart, hg. von der Gemeindeverwaltung, Kallmünz 1991, S. 297–325, hier 300. S. Anm. 79, 80.

65 Mages, HAB Kelheim, S. 235 Anm. 431. S. Anm. 50.

66 Schwertl, Die Beziehungen, S. 398–402; Edgar Krausen, Die Wittelsbacher und die mittelalterlichen Reformorden, in: Glaser (Hg.), Die Zeit der frühen Herzöge I, S. 354f.

67 Schmid, Pettendorf, S. 62–81.

68 Ingrid Heeg-Engelhart, Das älteste bayerische Herzogsurbar: Analyse und Edition (Quellen und Erörterungen zur bayerischen Geschichte NF 37), München 1990, S. 267 Nr. 1799. Zu dieser herrschaftsgeschichtlich vielsagenden Örtlichkeit: Josef Kible, Zur Geschichte von Ebenwies, Typoskript 1995; ders., Ebenwies, Etterzhausen (Selbstverlag) 2008; ders., Etterzhausen – Vergangenheit und Gegenwart, S. 238–242; Schmid, Pettendorf, S. 150.

69 Günther Flohrschütz, Machtgrundlagen und Herrschaftspolitik der ersten Pfalzgrafen aus dem Haus Wittelsbach, in: Glaser (Hg.), Die Zeit der frühen Herzöge I, S. 42–110.

70 Kramer – Störmer (Hg.), Hochmittelalterliche Adelsfamilien mit vielen aussagekräftigen Beispielen, unter denen sicherlich die von Wolfgang Wüst vorgestellten Schwabegger (S. 433–447) herausragen.

71 Alois Schmid, HAB Regensburg, S. 79–108.

72 Boos, Burgen, S. 361–364 Nr. 65.

73 Boos, Burgen, S. 307–309 Nr. 52; Alois Schmid, HAB Regensburg, S. 105–107; ders., Pettendorf, S. 60f.

74 Monumenta Boica XXXVI/1, München 1852, S. 337–424. In den späteren Urbaren kann der Stützpunkt wegen seiner baldigen Zerstörung nicht mehr verzeichnet sein.

75 StAAu, Kloster Pielenhofen Urk. 58; Regesta Boica IV, S. 510; Eder, Pielenhofen, S. 131 Nr. 73. Vgl. Schwarz, Die namenkundlichen Grundlagen, S. 50.

76 Regesta Boica V, S. 227 (16. Mai 1312); Eder, Pielenhofen, S. 132 Nr. 76. S. Anm. 53.

77 BayHStA, Deutschordenskommende Regensburg Urk. 56 = früher Ritterorden Urk. 4907; Regesta Boica IV, S. 660 (1297).

78 Thomas Ried, Codex chronologico-diplomaticus episcopatus Ratisbonensis I, Regensburg 1816, S. 706–708 Nr. DCCXXVII (1297); Eder, Pielenhofen, S. 132 Nr. 76 (1297).

79 S. Anm. 62 – 64.
80 BayHStA, Deutschordenskommende Regensburg Urk. 56 = früher Ritterorden Urk. 4907. Regest: Regesta Boica IV, S. 660. Vgl. Sprinkart, Urkundenwesen, S. 456 Nr. 374.
81 StAAu, Kloster Pettendorf Urk. 34; Regesta Boica V, S. 96; Janka, Regesten Pettendorf, S. 46f. Nr. 36.
82 StAAu, Kloster Pielenhofen Urk 62; Eder, Pielenhofen, S. 132 Nr. 76 (9. April 1297). Vgl. Boos, Burgen, S. 310f.
83 Janka, Regesten des Klosters Pettendorf, Register s. v. Löweneck.
84 StAAu, Kloster Pettendorf Urk. 5 (21. Dezember 1274), Urk. 7 (2. Oktober 1277). Vgl. Janka, Regesten Pettendorf, S. 31 Nr. 6, 8; Schmid, Pettendorf, S. 71f.
85 Pfarrarchiv Pettendorf: Martin Klob, Chronik von Pettendorf (Manuskript), fol. 3.
86 Forster, Beschreibung von Etterzhausen, S. 210.
87 Vgl. Eder, Pielenhofen; 750 Jahre Kloster Pielenhofen – Festschrift.
88 S. Anm. 60, 61.
89 Eder, Pielenhofen, S. 53 – 55; Jehle, HAB Parsberg, S. 63 – 70.
90 Jehle, HAB Parsberg. S. 421.
91 StAAu, Kloster Pielenhofen Urk. 21 (1263), 36 (1280). Vgl. Schwertl, Die Beziehungen, S. 247 – 447, bes. 374, 401f.
92 Eder, Pielenhofen, S. 119 Nr. 48.
93 Max Spindler, Die Anfänge des bayerischen Landesfürstentums (SRBLG 26), München 1937 [ND Aalen 1973], S. 42 – 57 u. ö.
94 StAAu, Kloster Pielenhofen Urk. 80. Regest: Regesta Boica V, S. 106; Eder, Pielenhofen, S. 22, 137 Nr. 92; Ludwig Schnurrer, Urkundenwesen, Kanzlei und Regierungssystem der Herzöge von Niederbayern 1255 – 1340 (Münchener Historische Studien, Gesch. Hilfswissenschaften 8), Kallmünz 1972, S. 387 Nr. 586.
95 Eder, Pielenhofen, S. 133 Nr. 81.
96 Sie wird in der Urkunde als Schwester des Ausstellers bezeichnet. Eine solche ist aber nicht bekannt. Am ehesten ist die Mutter, Elisabeth von Ungarn (ca. 1236 – 1271) und Gemahlin Herzog Heinrichs XIII., gemeint.
97 StAAu, Kloster Pielenhofen Urk. 87. Regesten: Regesta Boica V, S. 153; Eder, Pielenhofen, S. 119 Nr. 48; Koch – Wille, Regesten der Pfalzgrafen am Rhein I, S. 96 Nr. 1614; Sprinkart, Urkundenwesen, S. 505 Nr. 934.
98 Die Urkunde ist nicht im Original, sondern lediglich als Vidimus überliefert: BayHStA, Varia Neoburgica 763; Sprinkart, Urkundenwesen, S. 524 Nr. 1151. Vgl. Jehle, HAB Parsberg, S. 421f.
99 Dazu Mages, HAB Kelheim, S. 235 Anm. 431.
100 Spitzner, Parsberger Chronik, S. 15; Jehle, HAB Parsberg, S. 421f.
101 Wilhelm Nutzinger, Neunburg vorm Wald (HAB Altbayern 52), München 1982, S. 64; Gumberger, Gammelsdorf, S. 46.
102 Christoph Bachmann, Öffnungsrecht und herzogliche Burgenpolitik in Bayern im späten Mittelalter (SRBLG 106), München 1997 bearbeitet dieses vorzügliche Beispiel nicht.
103 Zum Itinerar: Schmuck, Ludwig der Bayer und die Reichsstadt Regensburg, S. 158 (dort das Zitat). Motyka, Nittendorf, S. 7 setzt die Zerstörung durch Feuer ins Jahr 1314.
104 StAAu, Kloster Pielenhofen Urk. 103 (früher BayHStA, Kaiser Ludwig-Selekt 94); Regesta Boica V, S. 326; Eder, Pielenhofen, S. 33, 118 Nr. 47; Menzel (Bearb.), Regesten Ludwigs des Bayern III, S. 20 Nr. 32. Das Königssiegel fehlt.
105 Helmut Bansa, Studien zur Kanzlei Kaiser Ludwigs des Bayern vom Tag der Wahl bis zur Rückkehr aus Italien 1314 – 1329 (Münchener Historische Studien, Abt. Gesch. Hilfswissenschaften 5), Kallmünz 1968, S. 62, 97, 128, 371: Schreiber der Königskanzlei

H 16. Zu den deutschsprachigen Diplomen nunmehr: Klaus Wolf (Hg.), Die Kanzleisprache Ludwigs des Bayern im europäischen Kontext, Augsburg 2024.

106 Eder, Pielenhofen, S. 21; Walderdorff, Regensburg in seiner Vergangenheit und Gegenwart, S. 629.

107 Heinz Thomas, Ludwig der Bayer (1282 – 1347): Kaiser und Ketzer, Regensburg 1993; Hubertus Seibert (Hg.), Ludwig der Bayer (1314 – 1347): Reich und Herrschaft im Wandel, Regensburg 2014; Martin Clauss, Ludwig IV. der Bayer: Herzog – König – Kaiser (kleine bayerische biografien), Regensburg [2]2014; Ludwig der Bayer: Wir sind Kaiser, Regensburg 2014.

108 S. Anm. 84, 85.

109 So auch Eder, Pielenhofen, S. 21.

110 Lothar Gross, Regesta Habsburgica. Regesten der Grafen von Habsburg und der Herzoge von Österreich aus dem Hause Habsburg. III. Abteilung: Die Regesten der Herzoge von Österreich sowie Friedrichs des Schönen als deutschen König von 1314 – 1330, Innsbruck 1924, S. 224f. Nr. 1835 bezeugt eine Zuwendung König Friedrichs des Schönen in Höhe von je 30 Schock böhmischer Pfennige für die Klöster Pettendorf und Pielenhofen zur Entschädigung für erlittene Verluste in den Kämpfen mit Ludwig dem Bayern und ein Jahrtagsgedenken für den Habsburger. Die beiden Klöster waren offensichtlich in die Auseinandersetzungen einbezogen. Freilich bleibt unklar, auf welcher Seite und in welchem Zusammenhang sie mit den Löweneckern stehen. Die Entschädigungszahlung belegt lediglich die erlittenen Verluste, ohne dass der Verursacher klar würde. Vgl. Schmuck, Ludwig der Bayer und die Reichsstadt Regensburg, S. 305.

111 Dieses Motiv betont Spitzner, Parsberger Chronik, S. 16 und danach Xaver Luderböck, Die Burganlage in Parsberg/Oberpfalz, in: VHVO 129 (1989), S. 7 – 75, hier 12.

112 BayHStA, Varia Neoburgica 765. Vgl. Jehle, HAB Parsberg, S. 422. Zum Verhältnis der Parsberger zu Ludwig IV. weiterhin: Gustav Voit, Die Schlüsselberger. Geschichte eines fränkischen Adelsgeschlechtes (Altnürnberger Landschaft 37), Nürnberg 1988, S. 61, 76, 118, 161.

113 Johann Nepomuck Müller, Chronik der Stadt Hemau, Regensburg 1861 [ND 1972], S. 29: Thomas Feuerer (Hg.), 700 Jahre Hemau – die Stadt auf dem Tangrintel (1305 – 2005), Norderstedt 2006. Vgl. Gumberger, Gammelsdorf, S. 48. Wenn Hemau das Münchner Stadtrecht erhielt, lässt das auf die entscheidende Initiative König Ludwigs IV. schließen.

114 BayHStA, Varia Neoburgica 764. Vgl. Jehle, HAB Parsberg, S. 420.

115 Mehrere Namen bietet der Geschichtsschreiber Johannes Aventinus, Bayerische Chronik Buch VII cap. 88, in: Johannes Turmair´s genannt Aventinus Sämmtliche Werke V, bearb. v. Matthias von Lexer, hg. v. der Bayerischen Akademie der Wissenschaften, München 1886, S. 427f. Vgl. Ludwig Zenker, Die Schlacht bei Gammelsdorf, in: VHVO 10 (1846), S. 363 – 372; Gumberger, Gammelsdorf, S. 39 – 49: Ludwigs Verbündete.

116 Einzelne Namen nennt auch Forster, Beschreibung von Etterzhausen, S. 191f.

117 StAAu, Kloster Pettendorf Urk. 48. Vgl. Menzel (Bearb.), Regesten Ludwigs des Bayern, S. 26 Nr. 46; Janka, Regesten Pettendorf, S. 55 Nr. 50.

118 StAAu, Kloster Pettendorf Urk. 52. Vgl. Menzel (Bearb.), Regesten Ludwigs des Bayern, S. 41 Nr. 79; Janka, Regesten Pettendorf, S. 57f. Nr. 54. Zum Vorgang: Alois Schmid, Ludwig der Bayer und das Dominikanerinnenkloster Pettendorf, in: Beiträge zur Geschichte des Bistums Regensburg 49 (2015), S. 7 – 26, hier 13 – 18; ders., Das Dominikanerinnenpriorat Pettendorf und seine Klosterpfarrei Berg, in: Jahresbericht des Historischen Vereins für Neumarkt und Umgebung 30 (2023), S. 79 – 111.

119 StAAu, Kloster Pettendorf Urk. 57. Vgl. Menzel (Bearb.), Regesten Ludwigs des Bayern, S. 67 Nr. 137; Janka, Regesten Pettendorf, S. 60 Nr. 59.

120 StAAu, Kloster Pettendorf Urk. 96. Vgl. Janka, Regesten Pettendorf, S. 77f. Nr. 98.
121 Alois Schmid, Zwei Stifterbilder Ludwigs des Bayern, in: Wittelsbacher-Studien. Festgabe für Herzog Franz von Bayern zum 80. Geburtstag, hg. v. Alois Schmid und Hermann Rumschöttel (SRBLG 166), München 2013, S. 133–155, hier 147–153.
122 Schmid, Pettendorf, S. 103.
123 StAAu, Kloster Pielenhofen Urk. 107. Vgl. Menzel (Bearb.), Regesten Ludwigs des Bayern, S. 41 Nr. 80.
124 StAAu, Kloster Pielenhofen Urk. 639; dt. Übersetzung Urk. 391. Vgl. Menzel (Bearb.), Regesten Ludwigs des Bayern III, S. 42 Nr. 81.
125 Regesta Boica VI, S. 17; Eder, Pielenhofen, S. 33f., 143 Nr. 111.
126 Koch – Wille, Regesten der Pfalzgrafen am Rhein I, S. 108 Nr. 1798.
127 StAAu, Kloster Pielenhofen Urk. 125; Eder, Pielenhofen, S. 148 Nr. 124. Vgl. Menzel (Bearb.), Regesten Ludwigs des Bayern III, S. 80 Nr. 166.
128 StAAu, Kloster Pielenhofen Urk. 138, 141 (a. a. 1336, 1337). Vgl. Menzel (Bearb.), Regesten Ludwigs des Bayern III, S. 162 Nr. 348; S. 171 Nr. 371.
129 StAAu, Kloster Pielenhofen Urk. 122. Druck: Widemann (Bearb.), Regensburger Urkundenbuch I, S. 261 Nr. 468. Regest: Regesta Boica VI, S. 127; Eder, Pielenhofen. S. 145f. Nr. 118; Sprinkart, Urkundenwesen, S. 579 Nr. 1770. Aussteller ist der Regensburger Patrizier Leopold Gumbrecht, dessen Familie wegen seiner Frau Agnes aus dem Geschlecht der Parsberger über gewisse Erbansprüche verfügte.
130 StAAu, Kloster Pielenhofen Urk. 122; Eder, Pielenhofen, S. 148 Nr. 122, 123.
131 S. Anm. 129. Vgl. Kible, Aus der Geschichte von Etterzhausen, S. 34; Jehle, HAB Parsberg, S. 422–424.
132 Nicht berücksichtigt bei: Bruno Fleischer, Das Verhältnis der geistlichen Stifte Oberbayerns zur entstehenden Landeshoheit, Berlin 1934, S. 172–178; Maria Rita Sagstetter, Hoch- und Niedergerichtsbarkeit im spätmittelalterlichen Herzogtum Bayern (SRBLG 120), München 2000 (dort viele andere Belege).
133 Eder, Pielenhofen, S. 145f. Nr. 118.
134 BayHStA, Herrschaft Parsberg Urk. 1517 VIII 1. Vgl. Kible, Aus der Geschichte von Etterzhausen, S. 13f.; Heinz Lieberich, Die bayerischen Landstände 1313/40 – 1807 (Materialien zur bayerischen Landesgeschichte 7), München 1990, S. 49f.; Michael Cramer-Fürtig, Landesherr und Landstände im Fürstentum Pfalz-Neuburg. Staatsbildung und Ständeorganisation in der ersten Hälfte des 16. Jahrhunderts (SRBLG 100), München 1995, S. 385 Anm. 48, 477.
135 Zusammenfassend und ohne Bezug zu Löweneck: Christoph Bachmann, Funktion, Typologie und Geschichte früher Adelsburgen in Altbayern, in: Kramer – Störmer (Hg.), Hochmittelalterliche Adelsfamilien, S. 729–776. Zum Raum um Regensburg: S. 744–746.
136 StAAu, Kloster Pielenhofen Urk. 122. S. Anm. 129.
137 Motyka, Der Landkreis Regensburg im Wandel der Zeiten, S. 194f.; ders., Nittendorf, S. 12; Kible, Etterzhausen – Vergangenheit und Gegenwart, S. 230–233.
138 S. Anm. 54, 55.
139 So auch Boos, Burgen, S. 168 Anm. 20 aufgrund baugeschichtlicher Beobachtungen.
140 Zum Gesamtzusammenhang s. die instruktive Skizze »Die mittelalterliche Besiedlung des Stadt- und Landkreises Regensburg«: in: Spindler (Hg.), Bayerischer Geschichtsatlas, S. 10f. Karte c.
141 Ernst Schwarz, Sprache und Siedlung in Nordostbayern (Erlanger Beiträge zur Sprach- und Kunstwissenschaft 4), Nürnberg 1960; ders., Die namenkundlichen Grundlagen.
142 Reitzenstein, Lexikon bayerischer Ortsnamen, S. 206.
143 Michael Richard Buck, Oberdeutsches Flurnamenbuch, Bayreuth [2]1931, S. 19 (hier wird unzutreffend „burk“ mit „wang“ = Ebene, Feld verbunden); Hans Frank, Stadt-

und Landkreis Amberg (Historisches Ortsnamenbuch von Bayern: Oberpfalz 1), München 1975, S. 68f. Nr. 297 („in der Nähe von Penkhof kein Fluß oder Bach"); Cornelia Baumann (nach Vorarbeiten von Hans Dachs und Karl Puchner), Altlandkreis Erding (Historisches Ortsnamenbuch von Bayern: Oberbayern 3), München 1989, S. 145 Nr. 481 (unzutreffende Erklärung wie bei Buck).

144 Regesta Boica V, S. 161; Eder, Pielenhofen, S. 120f. Nr. 50.

145 Widemann (Bearb.), Regensburger Urkundenbuch I, S. 261 Nr. 468.

146 Belegt in der Landesaufnahme des Pflegamts Laaber von Vogel – Stang 1598. Druck: Frank – Paulus (Bearb.), Die pfalz-neuburgische Landesaufnahme, S. 119f., 154f.: Kloster Pielenhofen: Holtzer: *Lewenekh.*

147 S. die instruktive Skizze bei Jehle, HAB Parsberg, S. 363.

148 So Kunstdenkmäler von Bayern: Stadtamhof, bearb. v. Karlinger u. a., S. 141 – 143; Motyka, Der Landkreis Regensburg im Wandel der Zeiten, S. 194f.; Georg Dehio, Handbuch der Deutschen Kunstdenkmäler Bayern V: Regensburg und die Oberpfalz, bearb. v. Jolanda Drexler und Achim Hubel, Darmstadt 1991, S. 378; Kible, Etterzhausen – Vergangenheit und Gegenwart, S. 230, 232f.

149 Mathias Hensch, Dem Ursprung des Penker Kircherls auf der Spur: Archäologie in einer der ältesten Kirchen Bayerns, in: Das Archäologische Jahr in Bayern 2013, Stuttgart 2014, S. 140 – 143; ders., St. Leonhard in Penk. Frühe Kirchengründung als Hinweis auf bischöfliche Jurisdiktion des 9. bis 13. Jahrhunderts? Ein archäologisch-historischer Beitrag zur Kirchengeschichte des Nordgaus, in: Archäologie: Mittelalter – Neuzeit – Zukunft. Festschrift für Ingolf Ericsson (Bamberger Schriften zur Archäologie des Mittelalters und der Neuzeit 6), Bonn 2017, S. 155 – 184. – Die üblichen Deminutivformulierungen sind unangebracht. Die Ausmaße der Kirche entsprechen dem Dorfkirchenbau dieser Epoche.

150 Peter Schmid, Die deutschen Königspfalzen V: Bayern – Altbayern, Regensburg, 1.1: S. 138 – 146; 1.2: S. 97f., 288, 294.

151 Johannes B. Lehner, Die mittelalterlichen Kirchen-Patrozinien des Bistums Regensburg, in: VHVO 94 (1953), S. 5 – 82, hier 38, 74.

152 Paul Mai – Marianne Popp, Das Regensburger Visitationsprotokoll von 1508, in: Beiträge zur Geschichte des Bistums Regensburg 18 (1984), S. 246 Nr. 82: *Penckh sancti Leonhardi.*

153 Paul Mai, Das Regensburger Visitationsprotokoll von 1526, in: Beiträge zur Geschichte des Bistums Regensburg 21 (1987), S. 23 – 314; ders., Das Bistum Regensburg in der bayerischen Visitation von 1559, in: ebenda 27 (1993), S. 5 – 586; ders., Das Regensburger Visitationsprotokoll von 1589/90, in: ebenda Beiband 12, Regensburg 2003.

154 Manfred Heim, Des Erzdechanten Gedeon Forster Matrikel des Bistums Regensburg vom Jahre 1665 (Beiträge zur Geschichte des Bistums Regensburg, Beiband 3), Regensburg 1990, S. 81.

155 Manfred Heim, Die Beschreibung des Bistums Regensburg von 1723/24 (Beiträge zur Geschichte des Bistums Regensburg, Beiband 9), Regensburg 1996, S. 45.

156 Manfred Heim, Die Heckenstaller-Matrikel des Bistums Regensburg (1782 – 1787) (Beiträge zur Geschichte des Bistums Regensburg, Beiband 5), Regensburg 1992, S. 174: Gottesdienst zum Patrozinium und zur Kirchweihe; S. 175: *Penckhensis habet proprios census et reditus, quos tamen omnes recipit monasterium Pielenhovense, nescio quo titulo aut iure aut quos in usus hi proventus applicentur.*

157 BayHStA, Kartensammlung 183; Philipp Apian, Baierische Landtafeln, München 1568, Tafel VI. ND Hans Wolff (Hg.), Philipp Apian und die Kartographie der Renaissance (Bayerische Staatsbibliothek Ausstellungskataloge 50), Weißenhorn i. B. 1989, Tafel 67; Kible, Etterzhausen – Vergangenheit und Gegenwart, S. 16.

158 Philipp Apian´s Topographie von Bayern und bayerische Wappensammlung, in: Oberbayerisches Archiv 39 (1880), S. 337f.

159 Boos, Burgen, S. 312; Kible, Etterzhausen – Vergangenheit und Gegenwart, S. 17.
160 Christophorus Vogel – Matthäus Stang, Beschreibung der Ämter Laaber und Hainsacker: Topographia et Chronologia (1598): BayHStA, GL Obere und Junge Pfalz 6; Plansammlung 1130, 3650. Druck: Frank – Paulus (Bearb.), Die pfalz-neuburgische Landesaufnahme, S. 135, 154, 160.
161 Michael Wening, Historico-Topographica Descriptio Bavariae, 4 Bände, München 1701 – 1726.
162 Forster, Beschreibung von Etterzhausen. Ein Duplikat: StdtAR, AHO MS O 130.
163 StdtAR, AHO MS O 789-790: Julie von Zerzog, Notizen über Etterzhausen, 2 Hefte; Stadtarchiv München, Sign. DE-1992-HV-MS 0155: Julie von Zerzog, Chronik von Etterzhausen (um 1837).
164 Forster, Beschreibung von Etterzhausen, S. 191 – 193.
165 Die Kunstdenkmäler von Bayern: Stadtamhof, bearb, von Karlinger u. a., S. 125 – 127.
166 Stroh, Geländedenkmale der Oberpfalz, S. 248.
167 Walderdorff, Regensburg in seiner Vergangenheit und Gegenwart, S. 629.
168 Regensburger Land: Burgensteige 1: Burgensteig durch das Naabtal, hg. v. Landkreis Regensburg, Regensburg o. J.
169 Peter Laslett, The world we have lost, London ^{2}1971.

Abkürzungen

BayHStA	Bayerisches Hauptstaatsarchiv München
BLfD	Bayerisches Landesamt für Denkmalpflege
HAB	Historischer Atlas von Bayern
ND	Neudruck
SpAR	Spitalarchiv Regensburg
SRBLG	Schriftenreihe zur bayerischen Landesgeschichte
StAAu	Staatsarchiv Augsburg
StBR	Staatliche Bibliothek Regensburg
StdtAR	Stadtarchiv Regensburg
VHVN	Verhandlungen des Historischen Vereins für Niederbayern
VHVO	Verhandlungen des Historischen Vereins für Oberpfalz und Regensburg (mit wechselnden Titeln)
ZBLG	Zeitschrift für bayerische Landesgeschichte

Gedruckte Quellen und Literatur

Andreas *Boos,* Burgen im Süden der Oberpfalz. Die früh- und hochmittelalterlichen Befestigungen des Regensburger Umlandes (Regensburger Studien und Quellen zur Kulturgeschichte 5), Regensburg 1998.

Regina *Dauer,* Die älteren Urkunden des St. Katharinenspitals zu Regensburg 1270 – 1281, Magisterarbeit masch. Univ. Regensburg 2013.

J. G. *Dorner,* Penk und Löweneck, in: Die Oberpfalz 25 (1931), S. 97–99.

A[nton] *Eder,* Geschichte des Klosters Pielenhofen – nach Quellen bearbeitet, in: VHVO 23 (1865), S. 1–188.

[Fortunatus] *Forster,* Beschreibung von Etterzhausen, in: VHVO 1 (1831/32), S. 177–204.

Günter *Frank* – Georg *Paulus* (Bearb.), Die pfalz-neuburgische Landesaufnahme unter Pfalzgraf Philipp Ludwig (Regensburger Beiträge zur Heimatforschung 6), Kollersried ²2020.

Karin *Geiger* – Sabine *Tausch* (Hg.), Historische Ortsansichten des Oberpfälzers Johann Georg Hämmerl (1770–1838), Regenstauf 2016.

Hubert *Glaser* (Hg.), Die Zeit der frühen Herzöge: Von Otto I. zu Ludwig dem Bayern. Beiträge zur bayerischen Geschichte und Kunst 1180–1350, 2 Bände (Wittelsbach und Bayern 1), München – Zürich 1980.

Hans *Gumberger,* Die Schlacht bei Gammelsdorf im Spiegel der Geschichtsschreibung, Freising 2013.

Wolfgang *Janka,* Regesten der Urkunden des Dominikanerinnenklosters Pettendorf (1262 – 1672) (Regensburger Beiträge zur Regionalgeschichte 25), Regensburg 2019.

Manfred *Jehle,* Parsberg (HAB: Altbayern I 51), München 1981.

Josef *Kible,* Etterzhausen – Vergangenheit und Gegenwart, Etterzhausen 1996.

Josef *Kible,* Aus der Geschichte von Etterzhausen, Etterzhausen 2000.

Adolf *Koch* – Jakob *Wille,* Regesten der Pfalzgrafen am Rhein I: 1214–1400, Innsbruck 1887–1894.

Ferdinand *Kramer* – Wilhelm *Störmer* (Hg.), Hochmittelalterliche Adelsfamilien in Altbayern, Franken und Schwaben (Studien zur bayerischen Verfassungs- und Sozialgeschichte 20), München 2005.

Die Kunstdenkmäler des Königreichs Bayern: Oberpfalz und Regensburg 20: Bezirksamt Stadtamhof, bearb. v. Hans Karlinger, Georg Hager und Georg Lill, München 1914 [ND München–Wien 1981].

Johann Baptist *Lassleben,* Burg Löweneck und das Dörflein Penk, in: Die Oberpfalz 17 (1923), S. 144–146.

Emma *Mages,* Kelheim – Pfleggericht und Kastenvogtgericht (HAB: Altbayern I 64), München 2010.

Michael *Menzel* (Bearb.), Regesten Kaiser Ludwigs des Bayern III, München – Weimar – Wien 1996.

Gustl *Motyka,* Der Landkreis Regensburg im Wandel der Zeiten, Mainburg 1975.

Gustl *Motyka,* Der Landkreis Regensburg: Geschichte, Kunst und Kultur, Regenstauf 1984.

Gustl *Motyka,* Geschichte und Gegenwart des Marktes Nittendorf in Jahreszahlen und Stichpunkten, Kallmünz 2006.

Regesta sive rerum Boicarum autographa ad annum usque 1300, bearb. v. Karl H. Ritter von Lang, Max Frhr. von Freyberg und Thomas Rudhart, 14 Bände, München 1822–1854; Register v. Josef Widemann, München 1927.

Wolf-Armin Frhr. von *Reitzenstein,* Lexikon bayerischer Ortsnamen – Herkunft und Bedeutung: Oberbayern, Niederbayern, Oberpfalz, München 2006.

Wolf-Armin Frhr. von *Reitzenstein,* Burgnamen in Bayern, in: Blätter für oberdeutsche Namenforschung 60 (2023), S. 59–358.

Thomas *Ried,* Beschreibung der merkwürdigen Höhle bey Etterzhausen, Regensburg [um 1800].

Alois *Schmid,* Regensburg: Reichsstadt – Fürstbischof – Reichsstifte – Herzogshof (HAB: Altbayern I 60), München 1995.

Alois *Schmid,* Pettendorf – Kloster der Dominikanerinnen. Die vergessene Sühnestiftung der Wittelsbacher, St. Ottilien 2020.

Peter *Schmid,* Regensburg – Stadt der Könige und Herzöge im Mittelalter (Regensburger Historische Forschungen 6), Kallmünz 1977.

Peter *Schmid,* Die deutschen Königspfalzen V: Bayern 1: Altbayern und Regensburg, 2 Bände, Göttingen 2020–2023.

Johann *Schmuck,* Ludwig der Bayer und die Reichsstadt Regensburg (Regensburger Studien und Quellen zur Kulturgeschichte 4), Regensburg 1997.

Fritz *Schnelbögl,* Die deutschen Burgennamen, in: ZBLG 19 (1956), S. 205–235; wieder in: Germanistische Linguistik 129/130 (= Reader zur Namenkunde III/1: Toponymie, Hildesheim 1996), S. 295–321.

Joseph Rudolf *Schuegraf,* Die Umgebungen der K. Bayer. Kreishauptstadt Regensburg, Regensburg 1830.

Dieter *Schwaiger,* Vom ottonischen Königshof zur pfalz-neuburgischen Mautstation: Etterzhausen im Mittelalter, in VHVO 149 (2009), S. 17–23.

Ernst *Schwarz,* Die namenkundlichen Grundlagen der Siedlungsgeschichte des Landkreises Regensburg, in: VHVO 93 (1952), S. 25–63.

Gerhard *Schwertl,* Die Beziehungen der Herzöge von Bayern und Pfalzgrafen bei Rhein zur Kirche 1180 – 1294 (Miscellanea Bavarica Monacensia 9), München 1968.

750 Jahre Kloster Pielenhofen – Festschrift, hg. v. Salesianerinnenkloster Pielenhofen, München–Zürich 1987.

Max *Spindler* (Hg.), Bayerischer Geschichtsatlas, Redaktion Gertrud Diepolder, München 1969.

Max *Spindler* (Begr.), Handbuch der bayerischen Geschichte II, München 1969; 2. Aufl. hg. v. Andreas Kraus, München ²1988; III: Geschichte der Oberpfalz, hg. v. Andreas Kraus, München ³1995.

Alfred *Spitzner,* Parsberger Chronik, Neumarkt i. d. OPf. 1950.

Alfons *Sprinkart,* Kanzlei, Rat und Urkundenwesen der Pfalzgrafen bei Rhein und Herzöge von Bayern 1294 bis !314 (1317). Forschungen zum Regierungssystem Rudolfs I. und Ludwigs IV. (Forschungen zur Kaiser- und Papstgeschichte 4), Köln–Wien 1986.

Armin *Stroh,* Die vor- und frühgeschichtlichen Geländedenkmale der Oberpfalz (Materialhefte zur bayerischen Vorgeschichte B: Inventare der Geländedenkmäler 3), Kallmünz 1975.

Curt *Tillmann,* Lexikon der deutschen Burgen und Schlösser, 4 Bände, Stuttgart 1958–1961.

Hugo Graf von *Walderdorff,* Regensburg in seiner Vergangenheit und Gegenwart, Regensburg [4]1896 [ND Regensburg 1973].

Josef *Widemann* – Franz *Bastian* (Bearb.), Regensburger Urkundenbuch: Urkunden der Stadt, 2 Bände (Monumenta Boica 53–54), München 1912–1956.

Register